HEINRICH BEBEL

Comoedia de optimo studio iuvenum
Über die beste Art des Studiums für junge Leute

LATEINISCH / DEUTSCH

HERAUSGEGEBEN UND ÜBERSETZT
VON WILFRIED BARNER
UND MITARBEITERN

PHILIPP RECLAM JUN. STUTTGART

*Gedruckt mit Unterstützung
der Vereinigung der Freunde der Universität Tübingen e. V.*

Universal-Bibliothek Nr. 7837 [2]

Gesamtherstellung: Reclam, Ditzingen. Printed in Germany 1982
ISBN 3-15-007837-7

Laus & uictoria Maximiliano Augusto
Romulidum Cæsar dedit hæc insignia nobis
Mecœnas fuerat Langius auxilio.

M. D. I.

SIBI, ET SVIS

H. BEBELIVS IVSTINGENSIS POETA
Laureatus, & hũanarũ literarũ doctor Tubingę.

Insignien des *poeta laureatus* Heinrich Bebel,
von Maximilian zu Pfingsten 1501 in Innsbruck verliehen

Henrici Bebelii Iustingensis
De optimo studio iuvenum

Heinrich Bebel
Über die beste Art des Studiums für junge Leute

Ad venerandum patrem, virumque prudentissimum et iurisconsultissimum Ludovicum Nauclerum alias Vergenhans, Stutgardiensis ecclesiae praepositum, atque Constantiensis et Vuormatiensis cathedralium ecclesiarum canonicum regiumque senatorem dignissimum. Epistola Henrici Bebelii Iustingensis.

Cum ingenii tui acrimoniam, bonitatem, humanitatem et liberalitatem mecum secretius considero, Ludovice optime atque prudentissime, videris profecto mihi perpaucorum hominum unus, et quos raros nostra saecula perspexerunt. Nec me assentari quisquam existimet. Vidi egomet ipse, secreta perspexi, vitae eius interfui, cum nuper secutus regem in Innspruck ad eum tamquam ad parentem confugeram. Tunc ego, Ludovice, ingenii tui vigorem perspexi et acrimoniam, quoniam nulla hora vel potius momento otium concedebatur. Hinc rex noster Maximilianus vocabat, cuius rebus omnibus publicis et negotiis imperialibus aderas. Nec quicquam arduum sine te tractabatur. Hinc episcopus Brixinensis, ceterique regii senatores administratoresque comitatus Tirolis, quorum omnium consilia et iustae gubernationis moderamina te consultore dirigebantur.

Ex altera parte Raymundus cardinalis numquam feriari permisit, quinimo te peculiari suorum consiliorum adiutore, convictore et sodali usus est. At nullis fractus es laboribus, nec paulo tristior ad quaeque obeunda, qui

An den ehrwürdigen Vater, den erfahrenen Rechtsgelehrten Ludwig Naukler alias Vergenhans, Propst der Kirche zu Stuttgart, Kanonikus der Kathedralen zu Konstanz und Worms und hochgeachteten königlichen Rat: Brief Heinrich Bebels aus Justingen.

Wenn ich Tatkraft, Güte, Menschlichkeit und Großzügigkeit deines Wesens im stillen bedenke, bester und hochgelehrter Ludwig, erscheinst du mir wahrhaftig als ein Mensch, wie es nur ganz wenige gibt und wie sie unsere Zeit selten erlebt hat. Aber niemand soll etwa glauben, daß ich nur schmeichle. Ich habe ihn mit eigenen Augen gesehen, habe in seine geheimsten Gedanken Einblick gewonnen, habe seinem Tageslauf beigewohnt, als ich vor kurzem dem König nach Innsbruck folgte und bei ihm wie bei einem Vater Zuflucht fand. Da habe ich, Ludwig, die Stärke und die Tatkraft deines Wesens kennengelernt; denn zu keiner Stunde, ja nicht einmal für einen Augenblick wurde dir Ruhe gegönnt. Einerseits beanspruchte dich unser König Maximilian, bei dessen Staatsgeschäften und kaiserlichen Verhandlungen du stets zugegen warst. Und nichts, was schwierig war, wurde ohne dich verhandelt. Andererseits brauchten dich der Bischof von Brixen und die übrigen königlichen Räte und Statthalter der Grafschaft Tirol – ihrer aller Beschlüsse und Maßnahmen im Sinne eines gerechten Regiments wurden mit Hilfe deines Rats in die Wege geleitet.

Dann wieder ließ auch Kardinal Raimundo dich nie zur Ruhe kommen, sondern nahm dich als speziellen Helfer bei seinen Beratungen als Tischgenossen und als vertrauten Freund in Anspruch. Aber durch keine Anstrengungen ließest du dich ermüden und nahmst ohne den geringsten

nec domi ab orationibus, lectionibus, ceterisque regiarum rerum meditationibus cessaveris usque adeo, ut me in admirationem traxeris unde uni corpusculo tantae vires, uni ingenio tanta acrimonia exuberaret.
Sunt haec quidem amplissima et quae paucis contingunt; multo tamen maiori laude dignandus es ex insita quadam animi bonitate, liberalitateque, qua prosequeris omnes pauperes et afflictos. Regibus enim et potentibus benefacere spes aliqua remunerationis refulget. Sed pauperibus erogare elehemosinam, egentibus sacerdotibus iisdem tamen probatis auxilio esse pro beneficiis ut dicitur consequendis, afflictorum suscipere patrocinium, qualem te esse citra omnem adulationem praedico, hinc tandem vera et non fucata mundi sed caelestis gloria hauritur uberrime.
Quid item dicam de liberalitate et humanitate, qua consequeris omnes bonarum artium studiosos, ut alios praeteream. Qua quaeso diligentia, qua humanitate me ignotum pene, dum apud regem Raymundumque cardinalem et apostolicum legatum quarundam rerum consequendarum provinciam susceperam adiutasti. Quare si referre gratiam non possum (quoniam praeter chartaria dona reliquum nobis est nihil), habeo, dum vivam. Adeo, ut si quid scripta nostra valebunt, tua in me merita et beneficia numquam apud me et seram posteritatem intermoritura sunt, nec item fratris tui Ioannis Naucleri omnium litterarum antistitis et patroni, cuius tanta sunt in me beneficia, ut illa numquam nec verbis nec factis compen-

Widerwillen immer Neues auf dich. Auch zu Hause hörtest du nicht auf, dich mit Reden, Lektüre und all den anderen Vorbereitungen für die Angelegenheiten des Königs zu beschäftigen. Und dies alles in solchem Ausmaß, daß ich mich voll Bewunderung fragte, woher denn einem einzigen Leib solche Energie und einem einzigen Geist solche Tatkraft zuströmen könne.

Dies allein sind schon glänzende Leistungen, die nur wenigen gelingen. Noch viel größere Anerkennung aber verdienst du wegen deiner wie angeborenen Güte und Freigebigkeit, mit der du dich aller Armen und Bedrängten annimmst. Denn Königen und Mächtigen einen Dienst zu erweisen – dazu verlockt die Aussicht auf Gegengabe. Aber Armen ein Almosen zu spenden, notleidenden Priestern – freilich nur wenn sie tüchtig sind – bei der Erlangung sogenannter Benefizien zu helfen, den Schutz Bedrängter zu übernehmen, wie ich es an dir ohne alle Schmeichelei preise: Daraus entspringt der wahre Ruhm, nicht der aufgeputzte der Welt, sondern der des Himmels – überreichlich.

Was soll ich ferner sagen über die Freigebigkeit und Menschlichkeit, mit der du alle Anhänger der schönen Künste behandelst, von den anderen nicht zu reden! Mit welcher Aufmerksamkeit, bei Gott, und mit welcher Menschlichkeit standest du mir fast noch Unbekanntem zur Seite, als ich den Auftrag übernommen hatte, beim König und bei Raimundo, dem Kardinal und päpstlichen Legaten, bestimmte Dinge zu erreichen! Wenn ich dir also meinen Dank schon nicht abstatten kann (da ich außer Geschenken auf Papier nichts habe), so will ich dir doch Dank wissen, solange ich lebe. Sofern meine Schriften künftig überhaupt etwas ausrichten können, werden deine Verdienste um mich und die mir erwiesenen Wohltaten niemals in Vergessenheit geraten, nicht bei mir und auch nicht bei der Nachwelt. Unvergänglich werden auch die Verdienste deines Bruders Johannes Naukler sein, des Hüters und Schutzherrn aller Wissenschaften, der mir so große Wohltaten erwiesen hat, daß ich

sare posse speraverim, nisi tunc videar compensare, cum nihil quod officii mei esse iudicetur negligam. De his alias plura.

Accipe nunc dialogum de optima adolescentum institutione, quem recitavimus in praesentia fratris tui atque frequenti nostri gymnasii senatu, stipatissimaque totius ordinis scholastici corona, quem cum per otium licuerit, et a maximis laboribus et curis animum relaxaveris legas et pellegas obsecro. Invenies enim, quae sibi gratiam conciliare possunt apud doctos pro instituenda adolescentia, nec immerito. A doctis enim et eruditis auctoribus haec mutuavimus et excussimus, eorum verba saepe integra resumentes, ut lectores non nobis (recentia enim semper sordent et praesentes), sed illustribus auctoribus fidem accommodent. Inveteratos enim errores nostratium ludi magistrorum, sordidamque et perversam puerorum institutionem non nisi sanis persuasionibus, et optimis quibusque scriptoribus emendabimus. Vale, et me commendatum habe.

Ex Tubinga Idibus Novembribus M.D.I.

nicht hoffen kann, sie jemals in Wort oder Tat zu vergelten – außer vielleicht dadurch, daß ich nichts, was zu meinen Amtspflichten zählt, vernachlässige. Darüber ein andermal mehr.

Empfange nun den Dialog über die beste Art des Unterrichts für junge Leute. Wir haben ihn vorgetragen in Gegenwart deines Bruders, vor dem zahlreich versammelten Senat unserer Hochschule und vor der dichtgedrängten Schar der gesamten Studentenschaft. Wenn es dir die Muße einmal erlaubt und du dich von den gewaltigen Anstrengungen und Sorgen entspannst, dann lies ihn, und lies ihn ganz; ich bitte dich darum. Du wirst nämlich darin auf Dinge stoßen, die den Beifall der Gelehrten finden können, was den Unterricht der Jugend angeht; und dies nicht von ungefähr. Aus gelehrten und gebildeten Autoren nämlich haben wir das Folgende entlehnt und herausgezogen, wobei wir ihre Formulierungen oft unverändert übernommen haben. Denn die Leser sollen nicht uns (das Neuartige wird nämlich immer mißachtet, ebenso wie die Zeitgenossen), sondern den berühmten Autoren Glauben schenken. Die eingewurzelten Irrtümer unserer einheimischen Schulmeister nämlich und den armseligen und törichten Unterricht der Knaben werden wir nur mit vernünftiger Überzeugungsarbeit und mit Hilfe der besten verfügbaren Schriftsteller wieder ins rechte bringen können. Leb wohl und laß mich dir empfohlen sein.

Tübingen, am 13. November 1501.

Argumentum comoediae

Quidam rusticus habet filium scholasticum, quem missurus ad gymnasium universale, ut dici solet, consilio sui Paraetiani optimo committit praeceptori, a quo non solum sophismata, verum etiam eloquentiam moresque didicit. Unde in clarum evasit virum et reliquis, qui unum tantum ex his consecuti sunt, longe excelluit. Insuper et laus poetices decantatur. Postremo temere pro diversis sectis disceptantes componuntur fitque pax et amicitia, quibus nihil in humanis excogitari melius potest.

Inhalt der Komödie

Ein Bauer hat einen Sohn, der die Schule besucht. Er will ihn auf ein sogenanntes *gymnasium universale* schicken und vertraut ihn auf Anraten des ihm gut bekannten Paraetianus einem ausgezeichneten Lehrer an. Von dem lernte der Sohn nicht nur logische Kunststücke, sondern auch Rhetorik und Moral. Deshalb wurde er auch ein angesehener Mann und überragte bei weitem die anderen, die sich nur mit einem einzigen von diesen Fächern beschäftigt haben. Außerdem wird noch das Lob der Dichtkunst gesungen. Schließlich werden einige dargestellt, die für unterschiedliche philosophische Schulen blind drauflosstreiten; es werden Friede und Freundschaft geschlossen, das Beste, was man sich in menschlichen Dingen ausdenken kann.

Ad spectatores

Iam spectatores animis linguisque favete!
  Contio vel pauco tempore tota sile,
Audire ut possis, quicquid recitaverit actor
  Imprimis tibi, qui consuluisse cupit!
Non hic illecebras Veneris, non castra Priapi
  Atque Thyesteos non canit ille toros,
Non hic ingluviem ventris nec munera Bacchi.
  Sit procul omne nefas, sit procul omne scelus!
Erudientur enim iuvenes, qui discere curant,
  Quis modus in studiis optimus esse queat,
Qualis praeceptor; studium quod debeat esse,
  Per quod virtutis culmen adire queas.
Sidere felici iamiam procede poeta,
  Nam tibi doctorum corda favere solent.

An die Zuschauer

Beherrscht nun, ihr Zuschauer, Herz und Zunge!
Schweige, Versammlung, wenigstens kurze Zeit still,
Damit du hören kannst, was der Schauspieler vorträgt,
Besonders für dich; er möchte dir Rat erteilen!
Nicht die Verlockungen der Venus, nicht das Heerlager des Priapus
Besingt er, und nicht den Pfühl des Thyest,
Nicht die Unersättlichkeit des Bauches und nicht die Gaben des Bacchus.
Fern sei alle Untat, fern jegliches Verbrechen!
Denn junge Leute sollen herangebildet werden, die zu lernen bestrebt sind,
Welches das beste Verfahren in den Fächern sein kann,
Und wie beschaffen der Lehrer; welches Studium es sein muß,
Durch das man den Gipfel der Tüchtigkeit erreichen kann.
Unter glücklichem Stern tritt nun hervor, Dichter,
Denn die Herzen gelehrter Männer sind dir immer gewogen.

Primus actus

Interlocutores Rapardus pater, Vigilantius filius et philologus Paraetianus.

RAPARDUS. Eamus, fili amatissime, quaerere dominum philologum Paraetianum nostrum consulturi, quo pacto tuam condicionem ampliorem et nobiliorem reddamus, cum tu unus sis omnium mortalium, qui senectutis nostrae infirmitatem consolari speraris. Quare diu noctuque in id nitar, ut tibi ad studium et incrementum tuum adiumento esse possim. Sed eccum philologum sua sponte ad nos properantem. Ipse est, mehercule! Ibo salutatum eum. Salve, pastor reverende!

PHILOLOGUS. Et tu pariter, mi Raparde! Quibus de rebus est tibi sermo cum filio tam maturus et gravis?

RAPARDUS. Peropportune hic nobis obviam te dedisti, bone pastor. Eram enim in itinere te in aedibus tuis visere, tuoque consilio, quo mihi iam maxime opus est uti.

PHILOLOGUS. Edissere, precor, quam ob causam!

RAPARDUS. Filius est mihi hic, ut vides, qui cum frequentaverit omnes scholas triviales, quae vulgo particularia nuncupantur, quaeque celebres habentur per Germaniam, Ulmae, Zuickaviae, Suollis et Daventriae, cupit, et precibus apud me instat iam proficisci, ad gymnasium aliquod universale. Ego autem iustis filii desideriis non repugnans vellem apud te experiri, qua via et commoditate id fieri possit, quem iam diu omnium doctissimum simul et harum rerum expertissimum et praedicant et existimant omnes compagani nostri passim.

Erster Akt

Dialogpersonen: Rapardus (Vater), Vigilantius (Sohn), Paraetianus (Gelehrter).

RAPARDUS. Gehn wir, liebster Sohn, und suchen wir unseren Paraetianus auf, den gelehrten Herrn! Ihn wollen wir um Rat fragen, auf welche Weise wir deine Stellung ansehnlicher und vornehmer machen können. Du bist ja der einzige unter allen Menschen, der mir die Gebrechlichkeit meines Alters zu lindern verspricht. Daher will ich Tag und Nacht bemüht sein, dir bei deinem Studium und deinem Fortkommen zu helfen. Aber schau – da kommt uns der Gelehrte schon von selbst entgegen! Ja, er ist es, bei Gott! Ich gehe, ihn zu begrüßen. Seid willkommen, ehrwürdiger Pfarrer!

GELEHRTER. Sei auch du gegrüßt, mein Rapardus! Worüber führst du mit deinem Sohn ein so ernstes und gewichtiges Gespräch?

RAPARDUS. Du kommst uns gerade recht, lieber Pfarrer. Ich war nämlich auf dem Weg, dich zu Hause aufzusuchen und mir deinen Rat zu holen, den ich dringend brauche.

GELEHRTER. Sag bitte genauer, worum es geht!

RAPARDUS. Dies hier ist mein Sohn, wie du siehst. Nachdem er alle Trivialschulen besucht hat, die allgemein Partikularschulen heißen und die in Deutschland als berühmt gelten – Ulm, Zwickau, Zwolle und Deventer –, drängt er jetzt und bestürmt mich mit der Bitte, gleich abreisen zu dürfen, auf ein *gymnasium universale.* Ich aber kann dem begründeten Wunsch meines Sohnes nichts entgegensetzen und möchte gern von dir erfahren, auf welchem Weg und mit welcher Hilfestellung das geschehen kann. Denn dich rühmen und schätzen alle hier in der Umgebung seit langem als den, der in allen Dingen der gelehrteste ist und zugleich hierin die meiste Erfahrung besitzt.

PHILOLOGUS. Non sum talis, qui forsan praedicor ab amicis, tamen si quid in rem tuam efficere possum, nullum praeterfugiam laborem. Placet autem prius experiri ingenium adolescentis. Ex hoc enim sanius consilium dare possum.

RAPARDUS. Optime narrasti, fac et citius!

PHILOLOGUS. Bone adolescens, quod est tibi nomen?

VIGILANTIUS. Vigilantius.

PHILOLOGUS. Bene dixisti. Potuisti et dicere Vigilantio. Sed dic unum: quo studio hactenus invigilasti?

VIGILANTIUS. Ego nescio, quid est dictum.

PHILOLOGUS. Loquar significantius et ut vulgo quaerere solent. Quid audis?

VIGILANTIUS. Ambas partes Alexandri una cum commento Remigii et Ioannis de Nova Villa, et glossam Donati, et pro latinitate Cornutum Ioannis de Garlandria, qui incipit »Caespitat in phaleris«, et Alanum »A Phoebo Phoebe« etc.

PHILOLOGUS. Quot annis iam scholas frequentasti?

VIGILANTIUS. Duodecim pene.

PHILOLOGUS. Duodecim? Deberes itaque melius intelligere sermonem latinum, quam nosti.

VIGILANTIUS. Latinum illud scholasticum optime teneo, at ita, ut tu loqueris, non possum. Non enim imbutus sum.

PHILOLOGUS. Valeant praeceptores tui, et in malam crucem abeant, qui te tot annis dedocuerunt et neglexerunt! Deberes utique iam esse latinus.

VIGILANTIUS. Irascor tibi paulisper, pastor reverende, qui talia meis praeceptoribus imprecaris. Ego enim

GELEHRTER. So erfahren bin ich nun doch wieder nicht, wie meine Freunde vielleicht rühmend von mir behaupten. Doch wenn ich zu deinem Nutzen etwas beitragen kann, will ich keine Mühe scheuen. Es wäre freilich gut, vorher die Begabung des jungen Mannes kennenzulernen. Dann nämlich kann ich einen vernünftigeren Rat geben.

RAPARDUS. Ausgezeichnet, was du da sagst! Tu es, möglichst schnell!

GELEHRTER. Junger Mann, wie heißt du?

VIGILANTIUS. Vigilantius.

GELEHRTER. Das hast du schön gesagt. Du hättest es auch im Dativ sagen können. Aber sag noch eins: Welchem Fach hast du dich bisher gewidmet?

VIGILANTIUS. Ich weiß nicht, was das heißt.

GELEHRTER. Ich will deutlicher reden – so, wie man üblicherweise fragt. Was hörst du?

VIGILANTIUS. Beide Teile des Alexander, zusammen mit dem Kommentar des Remigius und des Johannes von Neapel, auch die Glosse zu Donatus; und für das gute Latein den *Cornutus* des Johannes von Garlandia, der anfängt mit »Caespitat in phaleris«, und den Alanus, mit »A Phoebo Phoebe« usw.

GELEHRTER. Wie viele Jahre hast du diese Schulen denn schon besucht?

VIGILANTIUS. Fast zwölf.

GELEHRTER. Zwölf? Dann müßtest du dich auf den lateinischen Ausdruck besser verstehen, als du es tust.

VIGILANTIUS. Das Schullatein beherrsche ich sehr gut. Aber so, wie du es sprichst, kann ich es nicht. Das hat man mir nämlich nicht beigebracht.

GELEHRTER. Fort mit deinen Lehrern und zum Henker mit ihnen, die dich so viele Jahre falsch unterrichtet haben und dich haben verkommen lassen! Du solltest längst schon ein guter Lateiner sein.

VIGILANTIUS. Ich bin dir doch ein bißchen böse, ehrwürdiger Pfarrer, daß du meine Lehrer so verwünschest. Ich

illos semper parentum loco diligendos existimavi. Non enim me neglexerunt, sed pro virili sua portione instruxerunt. Sum enim imbutus et edoctus optime de quinque figuris Alexandri: scio, quod vitium sit appositionis, quod evocationis, quod item conceptionis, zeugmatis et prolepsis. Scio etiam, quibus rationibus excusari possint, ratione scilicet, qua potest fieri, et ratione, qua oportet fieri. Scio insuper, quibus ex viribus regatur genitivus, regatur dativus, accusativus et ablativus. De impedimentis, o alme deus, quale quamque resolutum, ego habeo commentum compositum a Iacobutio Smaltzhaff provisore nostro. Superfluum est aut plura dicere de prima parte, ubi ego sum resolutissimus manuductione eiusdem provisoris. Insuper modos significandi Ioannis Iussae. Quid referam glossam versoris super Donato! Ibi optime possum tibi recensere sufficientias octo partium orationis. Item diffinitionem nominis et omnes limitationes. Itemque quae in contrarium adduci possunt argumenta, resolvere sum doctissimus. Scio, quid genus, quid declinatio, quid qualitas, quid item pronomen, quid verbum, adverbium, praepositio, coniunctio et interiectio eorumque accidentia atque diffinitiones eorundem. Argumenta quoque, quae illic habentur, calleo. Quid autem est aliud, quod quisque scire debeat? Ego enim praeceptoribus meis gratias ago!

PHILOLOGUS. Oh miseram neglectamque Germaniam, quae Alexandrum Gallum iuventutis suae corruptorem et de se tam male meritum tanti facit tamque magno in pretio habere solet! Plus tamen irascendum est his, qui tam grandia commentaria in hunc excudere consueverunt. Nihil est enim aeque pestiferum schola-

habe nämlich geglaubt, ich müßte sie immer wie meine Eltern verehren. Sie haben mich nämlich nicht verkommen lassen, sondern mich unterrichtet, wie es in ihren Kräften stand. Ich bin nämlich bestens geübt und geschult in den fünf Figuren des Alexander: Ich weiß, welchen Fehler man bei der *appositio* machen kann, welchen bei der *evocatio*, ebenso bei *conceptio*, *zeugma* und *prolepsis*. Ich weiß auch, bei welchen Gründen sie zulässig sind, das heißt bei welchem Grund sie möglich und bei welchem sie notwendig sind. Ich weiß außerdem, welchen Bedeutungen der *genitivus* folgt, welchen der *dativus*, der *accusativus* und der *ablativus*. Zu den Verbotsregeln – o lieber Gott! –, was und wie etwas aufgehoben wird, besitze ich einen Kommentar, den unser Betreuer Jacobutius Smaltzhaff verfaßt hat. Es ist überflüssig, noch mehr über den ersten Teil zu sagen, wo ich mich durch die Anleitung eben dieses Betreuers bestens auskenne. Außerdem die *modi significandi* des Johannes Jussa. Was soll ich noch einmal die Glosse des Erklärers zu Donatus erwähnen! Dort kann ich dir einwandfrei die Bedingungen für die acht Redeteile aufzählen. Ebenso die Definition von *nomen* und alle Bestimmungen. Ebenso habe ich genau gelernt, wie man Beweisgründe widerlegt, die für das Gegenteil angeführt werden können. Ich weiß, was *genus*, was *declinatio*, was *qualitas*, ebenso was *pronomen*, was *verbum*, was *adverbium*, *praepositio*, *coniunctio* und *interiectio* und was deren Akzidenzien sowie die Definitionen derselben sind. Auch die Beweisgründe, die dabei angeführt werden, kenne ich. Was sonst aber gibt es wohl, das jeder wissen sollte? Ja, ich sage meinen Lehrern Dank!

GELEHRTER. O armes, verkommenes Deutschland, das den Franzosen Alexander, den Verderber seiner Jugend, der einen so schlechten Einfluß ausgeübt hat, so hochschätzt und ihm so viel Wert beimißt! Noch mehr aber muß man denen böse sein, die auch noch immer so dicke Kommentare zu ihm geschrieben haben. Denn nichts ist derart

sticorum studio et utilitati quam grandia et superflua grammatistarum commentaria fatuaeque et superstitiosae quaestiones anxiaeque argumentationes, quae non nisi in dialectica tradi debent. Multa itaque nosti in grammatica, ut iam in medium adduxisti, attamen adeo ieiunus es in latino sermone, ut puer trium annorum existimeris. Grammatica enim est, quae latini sermonis curam habet et docet. Tu autem cum tuis argumentis grammaticalibus atque impedimentis et diffinitionibus inexpugnabilibus elinguis es et mutus. Omnino unde grammaticus non es.

VIGILANTIUS. Est verum per deum muscarum! At si me audire velis, sum ego inter centum qui Ulmae iam sunt scholasticos, disertissimus, ex hac potissimum causa: habemus enim praeceptorem, qui dissuadet nobis poetas. Ego autem meopte ingenio semper occulta lectione latinum sermonem, quantum tenuitas industriae meae comprehendere potuit, numquam neglexi.

PHILOLOGUS. O macte puer virtute bonus, sic poteris evadere in doctum hominem. Tuo autem praeceptori similiter et alii condiscipuli tui in aeternum maledicent, qui eos neglexit in rebus inutilibus et nihil aedificantibus ad eruditionem. Quid enim prodest scire rationem, qua potest fieri, et rationem, qua oportet fieri! Item quibus ex viribus regatur genitivus vel dativus, atque tot argumentationes et diffinitionum limitationes in Donato! Sunt haec mera deliramenta et decipulae, ex quibus nemo doctior, nemo eloquentior fit. Quodsi sunt necessaria haec ad gram-

schädlich für den Eifer und für das Vorankommen der Schüler wie die dicken, überflüssigen Kommentare der Grammatiker, wie die albernen und verrückten Streitfragen, wie die kleinlichen Beweisführungen, die allenfalls in der Dialektik gelehrt werden sollten. Du weißt also viel in der Grammatik, wie du ja schon vorgeführt hast, aber dennoch bist du so dürftig im lateinischen Ausdruck, daß man dich für einen Jungen im dritten Jahr halten könnte. Die Grammatik nämlich ist es, die für den lateinischen Ausdruck sorgt und ihn ausbildet. Du aber, mit deinen grammatikalischen Beweisgründen, mit deinen absoluten Ausschlußregeln und Definitionen, bist im Grunde sprachlos und stumm. Daher bist du auch überhaupt kein Grammatiker.

VIGILANTIUS. Das stimmt, beim Gott der Fliegen! Aber wenn du mir trotzdem zuhören willst: Von den hundert, die jetzt in Ulm zur Schule gehen, bin ich immer noch der, der am besten reden kann, und zwar aus einem besonderen Grund. Wir haben nämlich einen Lehrer, der uns von den Dichtern abrät. Ich aber habe aus eigener Neigung all die Zeit durch heimliche Lektüre den lateinischen Ausdruck, soweit mein bescheidener Fleiß es leisten konnte, nie verkommen lassen.

GELEHRTER. Recht so! In jungen Jahren tüchtig – so wirst du schließlich ein gelehrter Mann werden können. Deinen Lehrer aber werden, ähnlich wie du, auch deine Mitschüler in alle Ewigkeit verwünschen, da er sie durch unnütze Dinge hat verkommen lassen, die nichts zur Bildung beitragen. Was nämlich nützt es, den Grund zu kennen, aus dem etwas geschehen kann, und den Grund, aus dem es geschehen muß! Ebenso, welchen Bedeutungen *genitivus* oder *dativus* folgt, und alle die Argumentationen und Definitionseinschränkungen bei Donatus. Das sind bloße Spinnereien und Irrwege, durch die niemand gelehrter, niemand beredter wird. Wenn das alles für einen Grammatiker erforderlich ist,

maticum, cur non posuit Donatus, Servius, Caper, Diomedes et omnium grammaticorum princeps Priscianus, cur non recentiores Nicolaus Perottus, Sulpicius Verulanus, Pomponius Laetus, Antonius Mancinellus, qui omnes optime instituunt grammaticum et tamen nullam de his fabulamentis atque ineptis figmentis mentionem faciunt? Non probo item, quod discipulis apud nos traduntur minutiores auctores: Facetus, Floretus, Alanus, Cornutus etc.

VIGILANTIUS. Iuvenibus hi traduntur et his, qui paulum ultra primas litteras progressi sunt.

PHILOLOGUS. Romani et Graeci non solum bonos praeceptores, verum etiam doctas nutrices pueris adhibere solebant. Sed sicut habemus doctores, ita discimus, ita sumus docti et eloquentes in Germania. Vix tria verba latine cum dignitate et elegantia effari possumus. Antiqui (teste Augustino nostro et Quintiliano) pueris primum Vergilium praeponebant, nostri in provectiori aetate abhorrent dicentes poeticum esse, quicquid latine et eleganter dicitur. Modi autem significandi penitus nihil valent, sed potius sunt corruptores optimorum ingeniorum.

VIGILANTIUS. Haec omnia verissima esse optime perspicio, pastor reverende. Quare nihil antiquius duco quam tuis morem gerere consiliis et praesto esse, quae mihi facienda persuaseris.

PHILOLOGUS. Patri tuo prius loquar. Audi, Raparde!

RAPARDUS. Quid vis? Expertusne es filii ingenium?

PHILOLOGUS. Credito!

RAPARDUS. Utinam bona nuntiares!

warum haben es dann Donatus, Servius, Caper, Diomedes und der Altmeister unter allen Grammatikern, Priscianus, nicht festgehalten, warum nicht die neueren Autoren Nicolaus Perottus, Sulpicius Verulanus, Pomponius Laetus, Antonius Mancinellus, die alle den Grammatiker ausgezeichnet unterrichten und doch nichts von diesem Geschwätz und diesen unsinnigen Erfindungen erwähnen! Ich bin auch ganz dagegen, daß bei uns den Schülern zweitrangige Autoren vorgesetzt werden: Facetus, Floretus, Alanus, *Cornutus* usw.

VIGILANTIUS. Nur den ganz jungen Leuten werden sie vorgesetzt, und zwar denen, die gerade erst über die Anfangsgründe der Grammatik hinausgelangt sind.

GELEHRTER. Die Römer und die Griechen pflegten nicht nur gute Lehrer, sondern sogar gelehrte Ammen für die Knaben einzustellen. Indessen, so wie wir uns Lehrer halten, so lernen wir auch, so sind wir gelehrt und beredt in Deutschland. Kaum drei Worte auf lateinisch können wir anspruchsvoll und schön herausbringen. Die Alten (so bezeugen es unser Augustinus und Quintilianus) setzten den Knaben als erstes den Vergil vor. Unsere Leute wollen sogar bei fortgeschrittenerem Alter nichts davon wissen und sagen, alles sei dichterisch, was doch nur in gutem und schönem Latein ausgedrückt ist. Die *modi significandi* aber haben keinerlei Wert, sie ruinieren vielmehr noch die besten Talente.

VIGILANTIUS. Daß dies alles nur zu richtig ist, sehe ich völlig ein, ehrwürdiger Pfarrer. Ich halte daher nichts für vordringlicher, als deinem Rat Folge zu leisten und bereitwillig zu tun, wovon du mich überzeugt hast.

GELEHRTER. Mit deinem Vater will ich zuerst reden. – Hör zu, Rapardus!

RAPARDUS. Was ist? Hast du die Begabung meines Sohnes kennengelernt?

GELEHRTER. Da kannst du sicher sein!

RAPARDUS. Hoffentlich hast du Gutes zu berichten.

PHILOLOGUS. Non mala. Plurimi enim facio et plurimam eruditionis partem animum discendi cupidum, qualem in tuo filio reperio.

RAPARDUS. Gaudeo plurimum et tibi gratias habeo immortales, qui te admodum benevolum rebus in meis declaras. Sed dic, precor, iam tandem, cui committendus magistro et quibus potissimum rebus debeat insudare.

PHILOLOGUS. Dicam equidem id, quod mihi visum fuerit factu dignissimum et quod longa experientia doctus maxime approbo.

RAPARDUS. Dic itaque! Nihil enim est, quod de tua eruditione et experientia dubitemus.

PHILOLOGUS. Huic eum primum trade praeceptori, a quo mores primum, mox eloquentiam ceterasque artes liberales discat, quae male sine moribus discuntur, male item artes sine eloquentia. Quid enim prodest plura et pulchra scire et de his ridicule et inepte loqui? Quare nisi quis eloquentiam et elegantiores litteras artibus et philosophiae coniunxerit, hunc fuge! Nam idoneus iuventutis praeceptor esse non potest. Quodsi hunc consecutus es, solertissime providendum est posthac, ne pravis eum et disculis contubernalibus (quos ipsi constantes appellitant) et convictoribus adiungas, sed bonis et studiosis. Malignus enim comes (teste Seneca) quamvis candido et simplici rubiginem suam affricuit, et ut idem dicit: nemo non aliquod nobis vitium aut commodat aut imprimit aut nescientibus allinit. Adeo nemo nostrum, qui maxime concinnamus ingenium, ferre impetum vitiorum tam ma-

und ihres Einflusses bei den Menschen etwas gelten; ich selbst bin ja in der Hochschule dort zu wenig bekannt.

VIGILANTIUS. Das ist sicher nötig. – Aber sieh dort den Cacobius, meinen Onkel, wie er sich im Schatten der Linde ausruht! Geh, sprich ihn an, damit er uns ebenfalls behilflich ist!

RAPARDUS. Ich warte lieber, bis er aufwacht.

VIGILANTIUS. Mach schneller! Denn sowie er bemerkt, daß ich hier bin, wird er es nicht übelnehmen; von Kindheit an hat er mich ja besonders ins Herz geschlossen.

RAPARDUS. Cacobius! Cacobius!

CACOBIUS. Wie? Was gibt's?

RAPARDUS. Steh auf! Steh auf!

CACOBIUS. Wer ruft da?

RAPARDUS. Ein guter Freund, Vigilantius, dein Schwestersohn.

CACOBIUS. Ah, sei gegrüßt, teuerster Sohn!

VIGILANTIUS. Sei auch du gegrüßt, liebevollster unter meinen Freunden!

CACOBIUS. Was willst du, was soll ich tun?

VIGILANTIUS. Erklär es kurz, Vater!

RAPARDUS. Du weißt vielleicht, Cacobius, wie fleißig mein Sohn ist und welch große Bildung alle an ihm rühmen. Deshalb hielt ich es seinem und unser aller Ansehen und Wohl für angemessen, sogar mit großen Unkosten ihn in seinem Streben nach Höherem zu fördern – wenn mich der Rat meiner Freunde nur nicht im Stich läßt.

CACOBIUS. Eine prima Sache, bei Gott! Und was ich mit Händen und Füßen (wie man so sagt) bereitwillig anpacke – um das zustande zu bringen, wird es an meiner Hilfe nie fehlen. Aber sag: was willst du, was soll ich tun?

RAPARDUS. Wie unser Gemeindepfarrer rät, soll ich zu einem moralisch und wissenschaftlich bewährten Lehrer gehen, um ihm meinen Sohn anzuvertrauen. Ich selbst aber bin zu ungeschickt, mit so wichtigen Leuten zu reden. So habe ich gerade dich unter allen meinen Freun-

ex omnibus amicis, qui loquaris et convenias cum magistro aliquo probato, unde filius noster bene proficiat in suo studio.

CACOBIUS. Faciam profecto et quidem libentissime! Sed tamen et ego parum notus sum apud illos homines. Sed habeo vicinum amicum mihi singularem, Hipponomum nomine, qui, cum aliquot annis praefectus fuerit rusticanis in Ingstetten, multum valet apud gymnasiarchas et se facilem praebebit nobiscum eundi, cui et ego officium meum numquam denegavi.

RAPARDUS. Bene placet. Voca eum!

CACOBIUS. Hoho! Hipponome! Audis?

HIPPONOMUS. Audio, mi amice!

CACOBIUS. Accede propius!

HIPPONOMUS. Quid est?

CACOBIUS. I, precor, nobiscum in gymnasium!

HIPPONOMUS. Quid ni? Habes iubere, non rogare! At, ut videre videor, hic est Vigilantius nepos, ad cuius mentionem, cum veneras, saepe me ad multam noctem detinuisti.

CACOBIUS. Ipsus est.

HIPPONOMUS. Progredere igitur, Vigilanti! Gaudeo te videre, mihique datam esse occasionem te demerendi summae mihi voluptati est. Sed o felices, qui te talem genuere parentes! Quodsi tecum esse volueris et institutum studium prosequi, evasurus es in eum hominem, qui omnibus tuis amicis adiumento et honori universisque compaganis tuis decus esse possis. Sed ecce, Raparde! Vides alibi in porticu sedere quendam philosophico habitu indutum?

RAPARDUS. Video.

HIPPONOMUS. Hic unus est ex magistris, qui ceteris

den dazu ausersehen, mit einem bewährten Lehrer zu reden und Absprachen zu treffen, wie unser Sohn in seinem Studium gute Fortschritte machen kann.

CACOBIUS. Ich tu's, ganz sicher, und sehr gern! Aber trotzdem, auch ich bin eigentlich zu wenig bekannt bei diesen Leuten. Aber ich habe einen Nachbarn, einen einzigartigen Freund, Hipponomus mit Namen. Der hat, weil er einige Jahre Ortsvorsteher in Ingstetten war, großes Ansehen bei den Hochschulleitern und wird uns den Gefallen erweisen, mit uns zu gehen, zumal auch ich ihm nie einen Dienst versagt habe.

RAPARDUS. Gut, einverstanden! Ruf ihn!

CACOBIUS. Hallo! Hipponomus! Hörst du?

HIPPONOMUS. Ich höre, mein Freund!

CACOBIUS. Komm näher!

HIPPONOMUS. Was gibt's?

CACOBIUS. Geh bitte mit uns zur Hochschule!

HIPPONOMUS. Warum nicht? Du hast zu verlangen, nicht zu bitten! Aber sehe ich recht – da ist ja dein Neffe Vigilantius! Von ihm hast du mir, wenn du bei mir warst, oft bis in die späte Nacht hinein erzählt.

CACOBIUS. Ja, der ist es.

HIPPONOMUS. Komm ruhig vor, Vigilantius! Ich freue mich, dich zu sehen. Und daß ich Gelegenheit bekomme, etwas für dich zu tun, bereitet mir großes Vergnügen. Doch glücklich deine Eltern, die dich, einen solchen Sohn, hervorgebracht haben! Aber wenn du dir treu bleiben und einem ordentlichen Studium nachgehen willst, dann wirst du dich auch zu einem Menschen entwickeln, der allen seinen Freunden Hilfe und Ansehen und der Gesamtheit der Dorfbewohner Ruhm einbringen kann. – Aber schau, Rapardus! Du siehst da drüben in der Halle jemanden sitzen, der ein Philosophengewand trägt.

RAPARDUS. Ja, ich sehe ihn.

HIPPONOMUS. Das ist einer von den Lehrern, die den ande-

praesunt in doctrina, et tanta eruditione morumque sanctitate conspicuus (sicut audivi a multis), ut nemini omnium cedat in toto gymnasio. Quodsi in hunc animum adieceris, faciam ipsi verbum. Est enim mihi notus et familiaris in primis.

RAPARDUS. Revera, ut ex habitu eius conicere possum gestusque gravitate, hic est, qui desiderio nostro forsan satisfaceret.

HIPPONOMUS. Alloquar eum. Humanus est et adeuntibus facillimus.

RAPARDUS. Fiat!

HIPPONOMUS. Salus tibi, domine magister!

MAGISTER. Et tibi, advena!

HIPPONOMUS. Credo, quod per longam absentiam devenerim in oblivionem tuam, domine magister. Etsi me non noscas, recordor tamen dierum eorum, quibus arctior erat familiaritas nostra, quam sit hodie.

MAGISTER. Potest esse. At excidit e memoria utpote homini diversis in rebus occupato, quis et unde sies.

HIPPONOMUS. Sum Hipponomus, quondam a principe nostro rusticanae plebi praefectus in Ingstetten.

MAGISTER. Belle et optime, iam sat habeo! At, precor, non aegre feras aut in arrogantiam mihi interpreteris, quod prius te non agnoverim.

HIPPONOMUS. Nihil omnino! Nam et mihi saepe evenit, ut eos, quibus praefui olim ad longum tempus, ut nosti, non agnoscam, ut nuper, dum cuncti mihi assurgerent meque reverenter tractarent, vix unum aut

ren im Unterricht übergeordnet sind. Und er zeichnet sich durch Bildung und durch Lauterkeit des Charakters so sehr aus (wie ich es von vielen gehört habe), daß er niemandem in der ganzen Hochschule den Vortritt lassen muß. Wenn du dich also an ihn wenden willst, werde ich ihn ansprechen. Er ist mir nämlich gut bekannt und bestens vertraut.

RAPARDUS. Wahrhaftig, soweit ich aus seiner Kleidung und aus seiner würdigen Haltung schließen kann, ist er einer, der unserem Wunsch vielleicht entspricht.

HIPPONOMUS. Ich will ihn ansprechen. Er ist freundlich und denen gegenüber, die sich an ihn wenden, sehr entgegenkommend.

RAPARDUS. Also!

HIPPONOMUS. Seid gegrüßt, Herr Magister!

MAGISTER. Auch du, Fremder!

HIPPONOMUS. Ich glaube, ich bin durch meine lange Abwesenheit bei dir in Vergessenheit geraten, Herr Magister. Auch wenn du mich nicht mehr erkennen solltest – ich erinnere mich sehr wohl der Tage, in denen unser persönliches Verhältnis enger war, als es heute sein mag.

MAGISTER. Das kann sein. Aber einem Menschen, der mit so verschiedenartigen Dingen beschäftigt ist, entfällt natürlich schon einmal, wer und woher du bist.

HIPPONOMUS. Ich bin Hipponomus, früher einmal von unserem Fürsten als Vorsteher der Bauerngemeinde von Ingstetten eingesetzt.

MAGISTER. Schön, ausgezeichnet, das reicht mir schon! Doch bitte, nimm es mir nicht übel und rechne es mir nicht als Hochmut an, daß ich dich nicht eher erkannt habe.

HIPPONOMUS. Überhaupt nicht! Auch mir ist es nämlich schon oft passiert, daß ich die, deren Vorgesetzter ich einmal für lange Zeit war, wie du weißt, nicht wiedererkenne. Wie es neulich geschah: Während alle vor mir aufstanden und mir mit Ehrfurcht begegneten, erkannte

alium noveram plus civilibus causis et negotiis quam laboribus rusticanis occupatus.

RAPARDUS. Quam hic fabulam connectis? Nescisne, ad quid venerimus, Hipponome?

HIPPONOMUS. Faciam. Magister reverende, hic adolescens, quem vides, in gymnasio vestro cupit erudiri et habere magistrum aliquem, a quo privatim proficeret. Ego autem ad patrocinium et iuvamen parentis eius vocatus tibi in primis cupio gratificari et commendare, de cuius eloquentia et singulari eruditione superfluum est plura dicere, nisi communis omnium consensus me deceperit. Quare intuitu mei hunc in disciplinam tuam recipias et optime instituas, in quo singulare mihi obsequium praestabis. Quodsi nullam aliam remunerationem obtinueris a me, providebo tamen, ut numquam casulam nostram intres, quin pira et poma, si non habeo altera dona, item lac frigidum, interdum etiam mel numquam tibi desit.

MAGISTER. Estne probus et studiosus?

HIPPONOMUS. Ut nihil supra, et tantae indolis, ut suos aequales omnes progressus sit in studiis a tergoque reliquerit longissime.

MAGISTER. Recipio eum et ita instituam, ut doctior in patriam revertatur, si saltem suo ipse studio non deerit.

HIPPONOMUS. Ecce, Raparde, placent tibi conventa?

RAPARDUS. Aureus es.

HIPPONOMUS. Tace, donec a magistro abscedamus!

ich selbst kaum den einen oder anderen; ich bin eben mehr mit bürgerlichen Angelegenheiten und Aufgaben befaßt als mit bäuerlicher Arbeit.

RAPARDUS. Warum erzählst du das hier alles? Weißt du denn nicht, wozu wir hergekommen sind, Hipponomus?

HIPPONOMUS. Also gut! Ehrwürdiger Magister, dieser junge Mann, den du vor dir siehst, möchte sich auf eurer Hochschule bilden und dabei einen Lehrer bekommen, von dem er auch persönlich Förderung erhält. Da ich aber in Vertretung und zur Unterstützung des Vaters hinzugezogen worden bin, möchte ich ihn am liebsten dir ans Herz legen und anvertrauen: dir, über dessen Beredsamkeit und einzigartige Bildung noch etwas zu sagen müßig wäre, wenn mich die einhellige Auffassung aller nicht getäuscht hat. Deshalb nimm ihn mir zuliebe unter deine Schüler auf und laß ihm den besten Unterricht zukommen; damit wirst du mir einen außerordentlichen Gefallen erweisen. Wenn du nun zwar sonst keine Gegenleistung dafür von mir erhalten kannst, so werde ich doch dafür sorgen, daß es dir, falls du einmal unsere bescheidene Hütte betrittst, nie an Birnen und Äpfeln fehlen wird – sofern ich keine anderen Geschenke da habe –, auch nicht an kühler Milch, dann und wann sogar Honig.

MAGISTER. Ist er anständig und fleißig?

HIPPONOMUS. Da fehlt nichts, und er hat so gute Anlagen, daß er alle seine Altersgenossen beim Studium überflügelt und weit hinter sich gelassen hat.

MAGISTER. Ich nehme ihn an, und ich werde ihn so unterrichten, daß er gelehrter in seine Heimat zurückkehrt, wenn er selbst es nur nicht an Eifer fehlen lassen wird.

HIPPONOMUS. Na, Rapardus, ist dir recht, was wir vereinbart haben?

RAPARDUS. Du bist Gold wert!

HIPPONOMUS. Sei still, bis wir uns von dem Magister verabschiedet haben!

RAPARDUS. Tu autem nostro omnium nomine magistrum (nam hisce cum hominibus loqui novisti) valedices.

HIPPONOMUS. Habeo. Domine magister, commendamus igitur tibi filium nostrum offerentes nos ad tua servitia paratissimos. Vale!

MAGISTER. Valete et vos!

RAPARDUS. O lepidissimum capitulum! O aureum Hipponomum! Quo nisu, quanta verborum elegantia atque sententiarum gravitate rebus in nostris hodierno die usus es, quibus omnem referendarum gratiarum materiam mihi praeripuisti!

HIPPONOMUS. Feci libentissime gaudeoque, quod, quantum valeam apud homines auctoritate et eloquentia, compertum habeas.

RAPARDUS. Quid plura? Totus aureus es.

HIPPONOMUS. Valedic filium et remitte ad praeceptorem!

RAPARDUS. Postremo, fili carissime, persequere studium tuum cum diligentia et fac, ut tibi confidimus! Nam tu solus es, in quem reposuimus omnes amici tui spem nostram, et ego, quicquid apud me est fortunae, totum in te conferam, ut studio tuo consultum sit quam optime.

HIPPONOMUS. Ita fac, Vigilanti, et omnes tibi adiumento erimus!

CACOBIUS. Ho! Itidem de me tibi firmiter polliceri potes et, si annuatim mihi constiterit ove, caseo et centum ovis, non deseram te in aeternum. Vale!

VIGILANTIUS. Et vos pariter!

RAPARDUS. Doch sag du in unser aller Namen dem Magister (denn mit solchen Menschen zu reden verstehst du) Lebwohl.

HIPPONOMUS. Also! Herr Magister, wir vertrauen dir nunmehr unseren Sohn an und stehen dir jederzeit zu Diensten. Leb wohl!

MAGISTER. Lebt wohl auch ihr!

RAPARDUS. Allerliebster Mann! Unschätzbarer Hipponomus! Welchen Schwung, welche Schönheit des Ausdrucks und welchen Nachdruck der Gedanken hast du heute für unsere Sache einzusetzen gewußt! Dadurch hast du mir jede Möglichkeit, dir meinen Dank abzustatten, schon vorher genommen.

HIPPONOMUS. Ich habe es doch nur gerne getan, und ich freue mich, daß du feststellen konntest, wieviel ich bei den Menschen durch Ansehen und Beredsamkeit auszurichten vermag.

RAPARDUS. Wozu noch mehr Worte? Du bist einfach Gold wert!

HIPPONOMUS. Verabschiede dich jetzt von deinem Sohn und entlaß ihn zu seinem Lehrer!

RAPARDUS. Nun also, liebster Sohn: Geh deinem Studium mit Gewissenhaftigkeit nach, und verhalte dich so, wie wir es von dir erwarten! Denn auf dich allein haben wir alle, die wir dir nahestehen, unsere Hoffnung gesetzt. Und ich werde alles, was ich an Vermögen besitze, ohne Einschränkung für dich einsetzen, damit für dein Studium so gut wie möglich gesorgt ist.

HIPPONOMUS. So tu es, Vigilantius, dann werden wir dir alle helfen!

CACOBIUS. Moment! Das gleiche darfst du ganz fest auch von mir erwarten. Und wenn es mich jährlich ein Schaf, einen ganzen Käse und hundert Eier kosten sollte, so werde ich dich auf ewig nicht im Stich lassen. Leb wohl!

VIGILANTIUS. Lebt auch ihr wohl!

Tertius actus

Magister et discipulus Vigilantius.

MAGISTER. Quod est tuum nomen, o bone adolescens?

VIGILANTIUS. Vigilantius.

MAGISTER. Quare huc advenisti et quam ob causam?

VIGILANTIUS. Ut bonis artibus operam dans ad parentes redeam clarior et doctior.

MAGISTER. Bonum propositum. Ad quod autem studium plus inclinaris?

VIGILANTIUS. Tuum fuerit, bone praeceptor, me instituere in his rebus, quae mihi conducere sperabis. Ego enim mihimetipsi satis idoneus consultor non sum. Quicquid autem id sit, fac tradas inter cetera etiam latinitatem. Nam nisi quis effari possit sensa sua cum dignitate, video eum contemptui esse apud exteros.

MAGISTER. Optime narras et ita fiet, dummodo non neglexeris artes ceteras, quas liberales vocant.

VIGILANTIUS. Nequaquam, nam et grammaticam rhetoricamque, ex quibus tamquam ex uberrimis fontibus omnis emanat latinitas, harum in numero esse semper existimavi.

MAGISTER. Nemo infitias ire potest, neque sine his artes consistere possunt.

VIGILANTIUS. Ita existimavi.

MAGISTER. Lectiones igitur artium frequenter accedas et summa cum diligentia audias! Tertia autem hora post prandium poeticam lectionem adeas!

Dritter Akt

Magister und Vigilantius (Schüler).

MAGISTER. Wie ist dein Name, junger Mann?

VIGILANTIUS. Vigilantius.

MAGISTER. Warum bist du hierhergekommen und mit welcher Absicht?

VIGILANTIUS. Um mich den schönen Künsten zu widmen und dann angesehener und gelehrter zu den Eltern zurückzukehren.

MAGISTER. Ein guter Vorsatz! Zu welchem Fach neigst du mehr?

VIGILANTIUS. Es wird deine Sache sein, verehrter Lehrer, mich in dem zu unterweisen, wovon du dir am meisten Nutzen für mich versprichst. Ich selbst bin da für mich kein hinreichend geeigneter Ratgeber. Aber was es auch immer sei, richte es so ein, daß du mir unter anderem auch gutes Latein beibringst. Denn wer seine Gedanken nicht eindrucksvoll äußern kann, der wird, wie ich sehe, von den Leuten draußen verachtet.

MAGISTER. Ausgezeichnet stellst du das dar, und so wird es auch geschehen, wenn du nur die anderen Künste nicht vernachlässigst, die man die ›freien‹ nennt.

VIGILANTIUS. Auf keinen Fall! Denn daß auch die Grammatik und die Rhetorik zu den Dingen gehören, aus denen wie aus reichen Quellen das ganze Latein erst hervorströmt, habe ich schon immer gemeint.

MAGISTER. Niemand kann das in Abrede stellen, und ohne sie können die Künste nicht bestehen.

VIGILANTIUS. Das meine ich auch.

MAGISTER. Besuch also eifrig die Vorlesungen über die Künste und höre sie mit größter Aufmerksamkeit! In der dritten Stunde nach dem Frühstück geh in die Poetikvorlesung!

VIGILANTIUS. Factum credito! Sed aliudne est, quod faciam?

MAGISTER. Communiter haec praecepta tenere debebis, si saltem in clarum evadere vis virum: primum atque ante omnia venerare deos! Nihil enim (ut quidam ex ethnicis dixit) rite nihilque providenter homines sine deorum immortalium ope, consilio, honore auspicari possunt. Insuper maioribus natu et praeceptoribus tuis assurgere et debitam reverentiam exhibere numquam negligas, minoribus facilem et hilarem praebere debebis, aequalibus vero non invidere, sed aemulis de virtute disputationibus ad gloriam provocare, bene autem velle omnibus neque ex humillimis quemquam fastidire. Ama virtutes, rationem sequere iactantiamque maxime fugias, in commessationibus rarus, in esu et potu temperatus ac frugi, loquendi partior, legendi studiosior, nihil sit torvum in oculis, nihil in verbis procax, sed verecundus sit semper sermo tuus. Speculum enim mentis (ut dicit Ambrosius) plerumque in verbis refulget. Immo et nihil in actu inverecundum, crines pexi et ornati, habitus simplex et non sordidus, sed mundus, non gestus fractior, non incessus solutior, non vox petulantior, ut ipsa corporis species simulacrum fuerit mentis et figura probitatis. Bona quippe domus in ipso vestibulo debet agnosci, ac primo praetendat ingressu nihil intus tenebrarum latere, tamquam lucernae lux intus positae foris luceat.

VIGILANTIUS. Da darfst du sicher sein! Aber gibt es noch etwas anderes, das ich tun soll?

MAGISTER. Grundsätzlich wirst du folgende Regeln einhalten müssen, jedenfalls wenn du ein angesehener Mann werden willst: Zuallererst verehre die Götter! Nichts nämlich (so hat einer von den Heiden gesagt) können die Menschen richtig und nichts mit Weitblick beginnen ohne die Hilfe der unsterblichen Götter, ohne ihren Rat und ihre Anerkennung. Weiterhin sollst du es nie versäumen, vor den Älteren und vor deinen Lehrern aufzustehen und ihnen die gebührende Achtung zu erweisen. Den Jüngeren gegenüber sollst du dich umgänglich und fröhlich geben, auf deine Altersgenossen aber darfst du nicht neidisch sein, vielmehr sollst du durch herausfordernde Streitgespräche über die Tüchtigkeit ihren Ehrgeiz anspornen, aber allen nur wohlwollen und auch von den Niedrigsten keinen verachten. Liebe die sittliche Vollkommenheit, laß dich von der Vernunft leiten und hüte dich am meisten vor der Prahlerei; sei bei Gelagen ein seltener Gast, im Essen und Trinken maßvoll und sparsam, dafür im Reden um so gewandter, im Lesen um so eifriger. Nichts Finsteres sei in deinem Blick, nichts Freches in deinen Worten, sondern zurückhaltend sei immer dein Reden. Denn die Sinnesart spiegelt sich (wie Ambrosius sagt) am meisten in den Worten. Ja, und nichts in deinem Tun sei schamlos: die Haare ordentlich gekämmt, einfache und nicht schmutzige, sondern saubere Kleidung, keine zu schlaksige Haltung, kein zu lässiger Gang und keine zu freche Stimme. So soll gerade auch die äußere Erscheinung des Körpers ein Ebenbild der Sinnesart und Ausdruck der Rechtschaffenheit sein. Denn ein ordentliches Haus muß man natürlich gleich am Eingang erkennen können, und schon beim Eintreten soll klarwerden, daß drinnen nichts Finsteres verborgen ist, so wie das Licht einer Lampe, die drinnen steht, nach draußen leuchtet.

VIGILANTIUS. Haec omnia facio et faciam in posterum. Sed, precor, optime magister, des mihi semel favorem ad patriam provisendis amicis. Nam et ego, ut mihi videor, iam profecisse in studio mihi persuasi omnino, quare, ut parentes mei eo propensiores sint mihi opitulari, non inutile existimo, apud compaganos sacerdotes nostros ut me exhibeam cumque his variis de rebus disseram, unde laudem venari studebo.
MAGISTER. Placet, vade!
VIGILANTIUS. Vale interim!

Quartus actus

Lentulus sophista, Vigilantius, Aulicus regis, et poeta.

LENTULUS. Beneveneritis, Vigilanti!
VIGILANTIUS. Salus tibi!
LENTULUS. Unde venis?
VIGILANTIUS. Ex Tubingen.
LENTULUS. Stetisti ibidem in universitate?
VIGILANTIUS. Interdum steti, interdum sedi.
LENTULUS. Es autem membrum universitatis?
VIGILANTIUS. Etiam sum.
LENTULUS. Deo gratias. Ego libenter audio, quando tibi bene vadit.
VIGILANTIUS. Et ego revera, si res tuas tibi ex sententia evenire intelligam, summopere gaudebo ex veteri nostra amicitia.

VIGILANTIUS. Das alles tue ich und will ich auch künftig tun. Aber bitte, bester Magister, gewähre mir wenigstens ein einziges Mal Urlaub nach Hause, damit ich nach meinen Angehörigen sehen kann. Denn auch ich habe, wie ich glaube, bereits Fortschritte im Studium gemacht und bin fest davon überzeugt. Daher halte ich es nicht für unnütz, daß ich, damit meine Eltern um so bereitwilliger sind, mich zu unterstützen, bei unseren Priestern im gleichen Dorf mich vorstelle und mit ihnen über verschiedene Dinge disputiere. Daraus werde ich Lob zu ernten bemüht sein.

MAGISTER. Einverstanden, geh!

VIGILANTIUS. Leb wohl inzwischen!

Vierter Akt

Lentulus (Student), Vigilantius, Höfling des Königs und der Dichter.

LENTULUS. Willkommen, Vigilantius!

VIGILANTIUS. Sei gegrüßt!

LENTULUS. Woher kommst du?

VIGILANTIUS. Aus Tübingen.

LENTULUS. Hast du dort in der Universität gestanden?

VIGILANTIUS. Manchmal stand ich, manchmal saß ich.

LENTULUS. Bist du denn auch Mitglied der Universität?

VIGILANTIUS. Auch das bin ich.

LENTULUS. Gott sei Dank! Gerne höre ich, daß es dir gut geht.

VIGILANTIUS. Auch ich werde mich wirklich, wenn ich dir alles nach Wunsch gelingen sehe, gewaltig freuen; denn wir sind doch alte Freunde.

LENTULUS. Ego laudo deum et bene contentor. Mitto etiam te scire, quod ego sum optimus artista.

VIGILANTIUS. Audio summa cum voluptate, sed pace tua dixerim, vellem, etiam esses paulo latinior in verbis tuis.

LENTULUS. Paulo latinior? Tace, poeta!

VIGILANTIUS. O tardum ingenium! Poeta non sum nec idoneus ad tantam poetices maiestatem. Sed pro virili parte in id nitor, ut possim esse latinus et cum dignitate eloqui, quae mente conceperim.

LENTULUS. Ego non curo. Sufficit mentis conceptum exprimere.

VIGILANTIUS. Hoc et extremus idiota et rusticus facere potest.

LENTULUS. Latine dico.

VIGILANTIUS. Apud pueros intellegeris, non apud eruditos, quibus ridiculo es barbaro ore tuo.

LENTULUS. Abi in malam crucem, si nihil scis nisi latinisare.

VIGILANTIUS. Quin tu abeas, qui nisi delirare scis nihil. Sum et ego in ceteris artibus liberalibus eruditus. Quodsi placet dissertare, non detractabo certamen.

LENTULUS. Ego volo tecum disputare pro sex denariis in suppositionibus et fallaciis.

VIGILANTIUS. Paratus sum, incipe!

LENTULUS. Arguo tibi sic: quod ego sum, tu non es.

VIGILANTIUS. Assentior.

LENTULUS. Ego autem homo sum.

VIGILANTIUS. Itidem admitto.

LENTULUS. Tu igitur non es homo.

LENTULUS. Ich preise Gott und bin bestens zufrieden. Und du sollst auch wissen, daß ich ein angesehenes Mitglied der Artistenfakultät bin.

VIGILANTIUS. Ich höre es mit größtem Vergnügen – aber nimm es mir nicht übel: Ich wollte doch, du sprächest ein etwas besseres Latein.

LENTULUS. Etwas besseres Latein? Schweig, Dichter!

VIGILANTIUS. O du beschränkter Geist! Ich bin gar kein Dichter und bin auch der erhabenen Größe der Dichtkunst nicht gewachsen. Aber soweit es ein Mann leisten kann, bemühe ich mich, gutes Latein zu sprechen und in anspruchsvoller Form zu äußern, was ich mir ausgedacht habe.

LENTULUS. Darum kümmere ich mich nicht. Mir genügt es, das Ausgedachte überhaupt auszudrücken.

VIGILANTIUS. Das kann auch der letzte Stümper und Bauer.

LENTULUS. Ich sag's aber doch auf Latein!

VIGILANTIUS. Bei Knaben kannst du dich vielleicht verständlich machen, aber nicht bei Gebildeten; bei denen erregst du nur Heiterkeit mit deinem barbarischen Geschwätz.

LENTULUS. Scher dich zum Teufel, wenn du nichts anderes kannst als dieses Lateingerede!

VIGILANTIUS. Geh doch weg, wenn du nichts kannst als faseln! Auch ich bin in den übrigen Freien Künsten ausgebildet. Wenn du ein Streitgespräch möchtest, will ich mich dem Wettstreit nicht entziehen.

LENTULUS. Ich will mit dir disputieren, sechs Denare Strafe bei faulen Tricks und Schwindel!

VIGILANTIUS. Ich bin bereit, fang an!

LENTULUS. Ich stelle dir folgende Behauptung auf: Was ich bin, bist du nicht.

VIGILANTIUS. Einverstanden.

LENTULUS. Ich aber bin ein Mensch.

VIGILANTIUS. Das gebe ich zu.

LENTULUS. Du bist also kein Mensch.

VIGILANTIUS. Omnia vera essent, si maiorem a me incepisses. O delirum caput, putas me istud non posse solvere? Sed ut cum Seneca loquar: pudet me, quod in re tam seria senes ludimus, o pueriles ineptias, in hoc supercilia subduximus, in hoc barbam dimisimus, hoc est, quod tristes docemus et pallidi, hoc quod nec ignoranti nocet nec scientem iuvat. Tamen cum eodem Seneca non nego sophismata perspicienda, sed perspicienda tantum et a limine salutanda.

LENTULUS. Ego prius bene dixi, tu vituperas artes!

VIGILANTIUS. Falso me accusas, quin immo tu facis.

LENTULUS. Edoce, precor!

VIGILANTIUS. Reprehendendo castam et eruditam latinitatem reprehendis grammaticam et rhetoricam, artes liberales, ex quibus derivatur latinitas.

LENTULUS. Ego non sic putavi. Sed tamen pro parte verum est.

VIGILANTIUS. Non etiam vitupero sophismata, sicut aestimas. Sed nimiam in eis moram damno et hoc in primis, quod nihil nisi sophismata noris et tantum scis simulare cupressum, ut est in Graecorum proverbio. Ceterum hospitem aut peregrinum litteris imbutum poteris vix latine salutare. Multo minus pluribus verbis alloqui nisi rustice et inconcinne, quodsi Senecae credere volueris, tam diu immorandum est in studiis

VIGILANTIUS. Alles würde stimmen, wenn du mich in die Prämisse aufgenommen hättest. Du Schwachsinniger, glaubst du etwa, ich könne das nicht auflösen? Aber um mit Seneca zu sprechen: Ich schäme mich, daß wir als erwachsene Männer mit so ernsthaften Dingen Scherz treiben. Was für kindische Albernheiten! Wegen so etwas haben wir strenge Mienen aufgesetzt, dafür haben wir uns einen Bart wachsen lassen, das ist es, was wir mit ernstem und bleichem Gesicht lehren. Weder schadet das jemandem, der es nicht weiß, noch nützt es jemandem, der es kennt. Trotzdem bestreite ich, wie der besagte Seneca, durchaus nicht, daß man die Syllogistik sich ansehen soll – aber eben nur sich ansehen und im Vorbeigehen grüßen.

LENTULUS. Ich habe es vorhin schon mit gutem Grund gesagt, du kritisierst die Künste.

VIGILANTIUS. Zu Unrecht wirfst du mir das vor. Im Gegenteil: Du tust das!

LENTULUS. Erklär mir das bitte!

VIGILANTIUS. Indem du das reine und gebildete Latein ablehnst, lehnst du auch Grammatik und Rhetorik ab, Freie Künste, aus denen sich das gute Latein herleitet.

LENTULUS. So habe ich das nicht gemeint. Aber zum Teil stimmt es schon.

VIGILANTIUS. Auch bin ich nicht gegen die Syllogistik, wie du meinst. Aber ich lehne das allzu lange Verweilen bei ihr ab, und vor allem: daß du nichts als Syllogistik kennst und nur die Zypresse nachzuahmen verstehst, wie es im griechischen Sprichwort heißt. Im übrigen wirst du kaum imstande sein, einen Gast oder einen Fremden, der über einige Gelehrsamkeit verfügt, auf lateinisch zu begrüßen. Noch viel weniger wirst du ihn gleich mit mehreren Sätzen ansprechen können, außer in plumper und ungeschickter Weise. Es sei denn, du wolltest dem Seneca glauben, daß man sich nur so lange bei den freien Studien

liberalibus, quamdiu nihil animus agere maius potest: rudimenta sunt nostra, non opera.

LENTULUS. Quid dicis tu? Ego nuper habui disputationem cum uno, quem ad metam redargutionis deduxi. Et inde tamquam Aristoteles ab omnibus laudatus sum, credis tu hoc nihil esse?

VIGILANTIUS. Indoctos et rudes facile est vincere, dummodo maxime, ut soles, clamaveris.

LENTULUS. Nullum est studium praeter dialecticum!

VIGILANTIUS. Falleris profecto!

LENTULUS. Ego video alibi stare aulicum unum regis et scribam, qui bene scit, quod sit optimum studium. Nam ipse quottidie videt et audit doctos viros et hincinde in diversis partibus et cum diversis hominibus plurima discit. Illum ego volo interrogare, ut dicat mihi veritatem de bono studio.

VIGILANTIUS. Alloquere eum!

LENTULUS. Beneveneat dominus!

AULICUS. Habeo tibi gratias!

LENTULUS. Si tu non velles irasci, aulice, ego libenter vellem te aliquid quaerere.

AULICUS. Dicas audenter, summa enim cum animi tranquillitate audiam.

LENTULUS. Ego habeo hic lites cum uno, qui vult me vituperare, quod ego non scio latinisare.

AULICUS. Si cum venia vis audire veritatem, maximo tibi vitio dandum est, si sine latinitatis et sermonis integritate in numero cupis haberi eruditorum.

LENTULUS. Quis omnia potest scire? Nonne sufficit,

aufhalten soll, wie der Geist nichts Wichtigeres tun kann: Dann ist, was wir tun, nur Vorübung, nicht ernsthafte Beschäftigung.

LENTULUS. Was sagst du da? Ich hatte neulich ein Streitgespräch mit einem, den ich bis an den Endpunkt drängen konnte, wo er widerlegt war. Und deshalb wurde ich von allen wie ein Aristoteles gepriesen. Glaubst du vielleicht, das sei nichts?

VIGILANTIUS. Ungebildete und Stümper zu besiegen ist leicht. Da brauchst du nur, wie du es gerne tust, laut genug zu schreien.

LENTULUS. Kein Fach geht über die Dialektik!

VIGILANTIUS. Da täuschst du dich aber sehr!

LENTULUS. Ich sehe da drüben einen Höfling des Königs stehen, einen Kanzlisten. Der weiß sicher, welches die beste Art des Studiums ist. Denn er selbst sieht und hört jeden Tag gelehrte Männer und hat deshalb auf den verschiedensten Gebieten und im Umgang mit den verschiedensten Menschen die meiste Erfahrung. Ihn will ich fragen, damit er mir die Wahrheit über das richtige Studium sagt.

VIGILANTIUS. Sprich ihn an!

LENTULUS. Willkommen, der Herr!

HÖFLING. Ich danke dir!

LENTULUS. Sei mir nicht böse, Höfling, ich möchte dich gern etwas fragen.

HÖFLING. Sag es nur frei heraus, ich will dir mit Gelassenheit zuhören.

LENTULUS. Ich habe hier einen Streit mit einem, der mich kritisieren will, weil ich kein richtiges Latein spreche.

HÖFLING. Wenn du, mit Verlaub, die Wahrheit hören willst: Man muß es dir schon als einen schweren Mangel anrechnen, wenn du ohne einwandfreien lateinischen Ausdruck unter die Gebildeten gerechnet werden willst.

LENTULUS. Wer kann alles wissen! Genügt es nicht, daß ich ein tüchtiges Mitglied der Artistenfakultät bin? Wie das

quod ego sum bonus artista? Verissimumque est illud: pluribus intentus minor est ad singula sensus.

AULICUS. Sermo latinus castus et purus non est censendum studium singulare a quaquam ex artibus. Immo quo omnes tamquam proprio instrumento et necessario utuntur. Eloquentia enim vel sola est, quae cunctas artes vel obscuras et incognitas vel clarissimas et notissimas reddit. Sine enim eloquentia, quae per studia ista politiora atque poetica acquiritur, omnes aliae artes ieiunae, aridae et non satis ornatae haberi possunt. Nam si eloquentiam tollas, nihil est tam excellens, quod non aliquando deficiat, tam magnificum, quod non funditus pereat, tam spectandum, quod non sordescat, tam egregium, quod non sensim intereat, tam praeclarum, quod non continuo abolescat. Quid autem tam incultum, tam horridum, tam obscurum, quod non elaborata oratione splendescat et tamquam excolatur! Quid tam incredibile, tam difficile, quod non dicendo probabile et facile fiat! Quid eloquentia laudabilius, praestabilius, amabiliusve vel admiratione audientium, vel spe indigentium, vel eorum, qui defensi sunt gratia! Quae postremo primum efficit, ut ea, quae ignoramus discere, et ea, quae scimus, alios docere possimus.

LENTULUS. Si tu stares in universitate et audires argumenta pulcherrima, quae adducuntur, tu diceres nullum esse studium praeter dialecticum.

AULICUS. O bone Lentule, si quis gymnasium exiverit, vix in decem annis occasionem habiturus es de his

Sprichwort so richtig sagt: Wo der Verstand sich auf vieles richtet, vernachlässigt er das einzelne.

HÖFLING. Den fehlerfreien und sauberen lateinischen Ausdruck darf man nicht bloß für ein Einzelfach halten, getrennt von den übrigen Künsten. Vielmehr benutzen ihn alle Künste als jeweils eigenes und unabdingbares Handwerkszeug. Die Rhetorik ist überhaupt die einzige, die alle Künste, auch wenn sie noch so unscheinbar und unbeachtet sind, strahlend und angesehen machen kann. Denn ohne die Rhetorik, die man sich durch jenes Studium der Stilistik und der Poetik aneignet, müssen alle anderen Künste als armselig, trocken und wenig anziehend gelten. Nimmt man nämlich die Rhetorik fort, dann ist nichts so ausgezeichnet, daß es nicht irgendwann einmal versagte, nichts so großartig, daß es nicht völlig verschwinden könnte, nichts so prächtig, daß es nicht schmutzig würde, nichts so überragend, daß es nicht allmählich sich verlöre, nichts so herrlich, daß es nicht bald verginge. Was aber wäre so ungepflegt, so abstoßend, so finster, daß es nicht durch eine ausgefeilte Rede zum Glänzen gebracht und gleichsam veredelt werden könnte! Was ist so unglaublich, so schwerverständlich, daß es nicht durch Reden einsehbar und verständlich gemacht werden könnte! Was gibt es Anerkennenswerteres, Vorzüglicheres oder auch Liebenswerteres als die Rhetorik, sei es wegen der Bewunderung der Zuhörer, sei es wegen der Hoffnung derer, die verteidigt worden sind! Schließlich bewirkt sie zuallererst, daß wir das, was wir nicht wissen, lernen und das, was wir wissen, andere lehren können.

LENTULUS. Stündest du in der Universität und hörtest die eindrucksvollen Argumente, die dort vorgebracht werden, so würdest du sagen, daß kein Fach die Dialektik übertreffe.

HÖFLING. Mein guter Lentulus, wenn einer die Universität verlassen hat, wird er kaum in zehn Jahren einmal Gele-

rebus disputare. Quodsi tibi sit accedendus episcopus pro beneficio, amici excipiendi vel invitandi ad prandium, vel si sunt tibi negotia apud regem aliosque principes ut dicitur saeculares, crede mihi, non est opus captiosis argumentationibus, sed latino sermone casto et eleganti, quo si carueris, indoctus haberis ab omnibus, etiam si omnes syllogismos tecum in sacco portaveris. Referam tibi veram historiam: Cum nuper essem in Innspruck, audivi et vidi quendam sibi multum arrogantem et alioquin non indoctum adeo corrupte et barbare loqui cum cardinali Raymundo pro beneficio ecclesiastico, ut eum tamquam indignum a se summovere iusserit cardinalis, cum tantum exorsus esset sic. »Illustrissime ac beatissime legate! Ego, ego,« (bis enim vel ter repetebat) ego sum venturus hic apud vos...«, quem interpellans cardinalis »Abi!« iam dixit. Ille rubore plenus abiit, numquam posthac revisus a quoquam. Cave itaque, ne hoc olim tibi contingat!

LENTULUS. Potest verum esse, sed ego odio poetas propter hoc, quia lascivi sunt et turpia narrant.

AULICUS. Si poetae non essent legendi, numquam Augustinus, numquam Hieronymus, numquam Basilius, numquam totius antiquitatis institutum simul in hoc consensisset, ut hoc esset primum et necessarium puerorum studium. Quos castiores et meliores fuisse constat, quam hodie vivatur, et utinam pueri et discipuli sacerdotibus et magistris immo rusticis et bubulcis cohabitantes, qui nullum umquam poetam aut

genheit haben, über solche Dinge zu disputieren. Wenn du dich aber wegen einer Pfründe an einen Bischof wenden willst, wenn du Freunde empfangen oder sie zum Essen einladen willst oder wenn du mit dem König oder mit anderen – sogenannten weltlichen – Fürsten zu verhandeln hast, glaube mir: Dann brauchst du keine sophistischen Beweisführungen, sondern einen sauberen und gepflegten lateinischen Stil. Wenn dir der fehlt, giltst du bei allen als ungebildet, auch wenn du alle logischen Schlußketten im Sack bei dir trägst. Ich will dir eine wahre Geschichte erzählen: Als ich neulich in Innsbruck war, hörte und sah ich einen, der sich viel zutraute und im übrigen nicht ungebildet war. Der redete so stillos und ungehobelt mit Kardinal Raimundo wegen einer Pfründe, daß der Kardinal ihn wie einen Unwürdigen abtreten ließ, als er auch nur so begonnen hatte: »Hochedler und gesegneter Gesandter! Ich, ich« (er wiederholte es nämlich zwei- bis dreimal) »ich bin im Begriff, hierher zu Euch zu kommen ...«, da unterbrach ihn der Kardinal auch schon und sagte: »Abtreten!« Der ging schamrot davon und wurde danach von keinem mehr gesehen. Nimm dich also in acht, daß dir so etwas nicht auch einmal passiert!

LENTULUS. Mag sein, daß dies wahr ist, aber ich verabscheue die Dichter deshalb, weil sie so zügellos sind und unanständige Dinge erzählen.

HÖFLING. Wenn die Dichter nicht lesenswert wären, hätten nie Augustinus, nie Hieronymus, nie Basilius und nie die Lehrpraxis des gesamten Altertums darin übereingestimmt, daß dies das vorrangige und unvergängliche Lerngebiet der ganz Jungen sei. Es ist eine Tatsache, daß sie gewissenhafter und anständiger gewesen sind, als es heutige Lebensart ist. Möchten doch nur die Jungen und die Studenten, wenn sie mit Klerikern und Magistern, nein eher mit Bauern und Ochsentreibern zusammenwohnen, die noch nie einen Dichter gesehen oder gelesen

viderunt aut legerunt, nihil lascivum, nihil impudicum, nihil flagitiosum viderent, audirent aut discerent. Quodsi omnia scripta, quibus amores resque leviusculae continentur, sunt cum suis scriptoribus repudianda, repudiemus libros bibliorum, quibus nihil sacratius, nihil religiosius, nihil mysticum magis existimatur: Liber Geneseos abiciatur, quoniam in eo amores Iacob et Rachaelis, concubitus Sichem cum Dina violentus, stuprum Iudae cum nuru Tamar referuntur. Nemo librum Numerorum sumat in manibus, quoniam Israelitici populi fornicationes cum filiabus Moabitarum in eo perscribuntur. Cave legas Iudicum volumen, continet enim Sansonis robustissimi mollissimos cum puella Dalila complexus. Librum Hester ne tangito, docebit enim te, quemadmodum Assverus rex amorem amore sicuti clavum clavo trudere conatur, et ad impatientiam amoris leniendam per singulas paene noctes novas puellas devirginat. Libros Regum nefandos explodito, quibus Davidis et Bersabes adulteria, eiusdem senescentis cum adolescentula Sunamite complexus, Ammonis cum sorore Tamar incestus infandus, Salomonis cum reginis concubinisque innumerabilibus fatuae amationes commemorantur. Et ut semel finiam: ipsum Canticum Canticorum tamquam Syreneos cantus obturata aure transito, cum meros amores meramque impudicitiam, nisi mystice intelligamus, resonare videatur, quare bene dixit poeta noster laureatus: Virgo rosas lectat, rigidis de sentibus, et nos optima carpemus dulcia et instar apis. Et ut in summa dicam: sic eloquentiam discas, ut ceteras artes

haben – möchten sie doch nichts Ausschweifendes, nichts Unzüchtiges, nichts Schändliches zu sehen, zu hören und zu lernen bekommen! Wenn aber alle Schriften, in denen Liebesabenteuer und lose Geschichten stehen, samt ihren Verfassern abgelehnt werden sollen, dann müssen wir auch die Bücher der Bibel ablehnen, die doch als das Heiligste, Frömmste und Geheimnisvollste gelten: Das *Buch Genesis* muß verworfen werden, weil dort ja die Liebesgeschichte von Jakob und Rahel, die Vergewaltigung Dinas durch Sichem und die Unzucht des Juda mit seiner Schwiegertochter Tamar dargestellt werden. Niemand darf das *Buch Numeri* in die Hand nehmen, weil dort ja die Unzucht des Volkes Israel mit den Töchtern der Moabiter beschrieben wird. Hüte dich, das *Buch der Richter* zu lesen, denn es enthält die wollüstigen Liebeserlebnisse des Riesen Samson mit dem Mädchen Delila. Rühre auch das *Buch Ester* nicht an, denn es schildert dir, wie der König Xerxes versuchte, Liebe durch Liebe zu verdrängen wie einen Nagel durch einen Nagel, und wie er, um die Rastlosigkeit seiner Liebe zu lindern, fast Nacht für Nacht immer wieder neue Mädchen entjungferte. Die verruchten *Bücher der Könige* mußt du verwerfen, in denen die Ehebrüche Davids und der Batseba, das Verhältnis des alternden David mit einem sunamitischen Mädchen, die ungeheuerliche Blutschande Ammons mit seiner Schwester Tamar und die törichten Liebschaften Salomos mit Königinnen und unzähligen Nebenfrauen erwähnt werden. Und um die Reihe endlich abzuschließen: Selbst das *Hohelied* mußt du meiden wie die Gesänge der Sirenen, mit zugestopftem Ohr, da hier offenkundig bloß Liebesgeschichten und bloß Schamloses zu hören sind; es sei denn, wir verstehen sie im übertragenen Sinn. Deshalb auch sagt unser gekrönter Dichter so schön: »Die Jungfrau sucht Rosen, in den struppigen Dornen, und wir werden den besten Honig lesen, wie eine Biene.« Um es kurz zu sagen: Du sollst die Rhetorik

non posthabeas. Nec item solum ceterae artes valent sine eloquentia. Nam ut Strabo dicit: Antiqui poeticam primam philosophiam quandam esse perhibent, quae ab ineunte nos aetate ad vivendi rationes adducit, quae mores, quae affectiones edoceat, quae res gerendas cum iucunditate praecipiat.

LENTULUS. Oh me miserum, vix intelligo, quae loqueris! Dabo tamen operam, ut vel sero adhibeam praeceptores ad cultum sermonem perdiscendum.

AULICUS. Nulla aetas sera ad discendum videri debet.

LENTULUS. Faciam profecto. Sed oportet me etiam disputare cum poeta, ut eum faciam iratum.

AULICUS. Facias libere!

LENTULUS. Domine poeta, quid facis cum studio tuo? Sunt enim omnes poetae lascivi et tractant de amoribus turpibus, quod non est bonum.

POETA. Loquere paulo honestius, o Lentule, de poetis!

LENTULUS. Sciebam, quod irasceretur mihi, o aulice, sed tamen non desistam. Non igitur benedixi, domine poeta?

POETA. Serio tibi dico poetas esse vel praecipuos virtutum praecones, totamque Homeri poesim laudem esse virtutis, ut unus ex sanctissimis doctoribus nobis scriptum reliquit, nec immerito. Quis enim non videat omnia, quibus humana vita recte instituatur, praecepta ab horum libris veluti ex adorandis philosophiae penetralibus promi facile ac percipi posse? Qua, obsecro, acrimonia, quo verborum fulmine poetae omnes

so erlernen, daß du die übrigen Künste nicht vernachlässigst. Ebenso sind die übrigen Künste allein nichts wert ohne die Rhetorik. Denn wie Strabo sagt: Die Alten behaupten, daß die Dichtkunst gewissermaßen die erste Philosophie sei, die uns von früher Jugend an zur richtigen Lebensführung anleitet, die den Charakter und das Gefühlsleben ausbildet und die uns lehrt, alles mit fröhlichem Herzen zu tun.

LENTULUS. Ich Armer, ich kann kaum verstehen, was du da sagst! Dennoch will ich mich bemühen, auch so spät noch Lehrer zu Hilfe zu nehmen, damit ich einen gepflegten Stil erlerne.

HÖFLING. Kein Alter darf als zu spät fürs Lernen gelten.

LENTULUS. Ich will es bestimmt tun. – Aber ich muß auch noch mit dem Dichter disputieren; denn ich möchte ihn wütend machen.

HÖFLING. Tu es ruhig!

LENTULUS. Herr Dichter, was fängst du denn an mit deinem Fach? Alle Dichter sind doch zügellos und handeln von unanständigen Liebesgeschichten – was nicht gut ist.

DICHTER. Sprich ein bißchen respektvoller von den Dichtern, Lentulus!

LENTULUS. Ich wußte, daß er wütend auf mich würde, Höfling, aber ich will es trotzdem nicht lassen. Habe ich euch denn nicht gelobt, Herr Dichter?

DICHTER. Im Ernst, ich sage dir: Die Dichter sind sogar die herausragenden Verkünder der Tugenden. Die gesamte Dichtung des Homerus stellt ein Lob der Tugend dar, wie einer der ehrwürdigsten Lehrer geschrieben und uns hinterlassen hat; und das nicht zu Unrecht. Denn wer dürfte wohl nicht erkennen, daß alle Grundsätze, nach denen das menschliche Leben sittlich gestaltet wird, aus den Büchern der Dichter wie aus dem Allerheiligsten der Philosophie ohne weiteres abgeleitet und übernommen werden können. Mit welcher Schärfe, ich bitte dich, mit welcher Kraft des Ausdrucks verfolgen – außer den Elegi-

praeter solos elegiographos metum, ignaviam, luxuriam, incontinentiam, impietatem, perfidiam ac omnia iniustitiae genera reliquaque vitia insectantur vexantque! Quibus contra laudibus, quibus praemiis invictam animi magnitudinem et pro patria amicisque consideratam periculorum susceptionem, religionem in deum, pietatem in maiores, caritatem in omnes prosequantur! Quodsi duo aut ad summum quattuor inventi sunt, qui lubricos descripserunt amores libidinosamque venerem suis carminibus ornare studuerunt, non propter hoc poesis vituperanda est. Nihil enim tam bonum est, quin ad perniciem trahi possit per eos, qui vitiis et turpitudini student iuxta poetam. Igne quid utilius? Si quis tamen urere tecta comparat, audaces instruit igne manus. Eripit interdum, modo dat medicina salutem: quaeque iuvat, monstrat, quaeque sit herba nocens. Et latro et cautus praecingitur ense viator. Ille sed insidias, hic sibi portat opem. Immo, et ipsa sanctissima theologia vel potius nimia philosophia? Nonne innumeros hereticos educavit, qui non ludicra vel lasciva scripserunt, sed quae in perniciem et damnationem humani generis excogitata sunt. Sed nonne irascemur theologiae? Minimehercle! Et sicut theologia irreprehensibilis est, sic incorrupta est poesis. Licet ea plurimi abutantur, sicut et aliis rebus.

LENTULUS. Belle narrasti, ut decet bonum et honestum

kern – die Dichter Ängstlichkeit, Feigheit, Genußsucht, Unmäßigkeit, Gottlosigkeit, Treulosigkeit und alle die Arten von Ungerechtigkeit sowie die übrigen Laster und greifen sie an! Mit welcher Anerkennung wiederum und mit welcher Auszeichnung bedenken sie die unbesiegbare Charaktergröße und das überlegte Aufsichnehmen von Gefahren im Dienst an Vaterland und Freunden, die fromme Verehrung Gottes, die Achtung gegenüber den Vorfahren und die Liebe gegen alle Menschen! Wenn es aber vielleicht zwei oder höchstens vier gegeben hat, die schlüpfrige Liebesgeschichten verfaßt haben und in ihren Gedichten die ausschweifende Liebe verherrlichen wollten, dann darf deswegen nicht Dichtung als solche abgelehnt werden. Denn nichts ist so gut, daß es nicht, wie beim Dichter, durch diejenigen entstellt werden könnte, die nur auf Laster und Unmoral aus sind. Was gibt es Nützlicheres als das Feuer? Trotzdem, wenn einer vorhat, Häuser in Brand zu stecken, dann verschafft er sich für seine dreiste Tat auch Feuer. Manchmal nimmt, manchmal schenkt Medizin Gesundheit. Und sie läßt erkennen, welches Kraut hilft und welches schädlich ist. Beide, der Räuber wie der argwöhnische Reisende, schnallen sich ein Schwert um. Der eine trägt es bei sich als Werkzeug des Überfalls, der andere als Schutz. Ja, gilt dies nicht sogar für die ehrwürdige Theologie oder vielmehr für eine maßlose Philosophie? Hat sie nicht unzählige Ketzer hervorgebracht, die nicht etwa spielerische oder freizügige Dinge geschrieben haben, sondern solche, die nur zum Untergang und zur Verdammnis des Menschengeschlechts ausgedacht sind? Aber zürnen wir deshalb etwa der Theologie? Wahrhaftig nicht! Und so, wie die Theologie nicht kritisiert werden kann, so ist auch die Dichtkunst einwandfrei. Da mögen auch noch so viele sie mißbrauchen, so wie es auch bei anderen Dingen geschieht.

LENTULUS. Schön hast du dargestellt, wie es sich für einen

virum. Sed audi adhuc unum: ego audivi a pueritia, quod poetae libenter mentirentur.

Poeta. Est profecto, ut dicis, vulgatum apud indoctos proverbium. Sed hi nesciunt (teste Lactantio nostro), qui sit poeticae licentiae modus, quousque fingendo progredi liceat, cum officium poetae sit in eo, ut ea, quae gesta sunt vere, in aliquas species obliquis figurationibus cum decore aliquo conversa traducant. Non ergo res ipsas gestas finxerunt poetae, quodsi facerent, essent vanissimi. Sed rebus gestis addiderunt quendam colorem. Et iuxta Strabonem: Sicuti quispiam argento circumfundit aurum, sic et poeta veris contemplationibus fabellas apponit, quibus elocutionem et dulcedine conciliat et ornatu. Et ut summatim dicam: Ceterae res neque temporum sunt neque aetatum omnium neque locorum. Nostra autem studia poetica adolescentiam agunt, senectutem oblectant, secundas res ornant, adversis profugium ac solacium praebent, delectant domi, non impediunt foris, pernoctant nobiscum, peregrinantur, rusticantur. Quodsi ipsi haec neque attingere, neque sensu nostro gustare possemus, tamen ea mirari deberemus, etiam cum in aliis videremus, unde a Platone et Ennio divini sunt poetae vocati, quorum nomen nulla umquam barbaries violavit.

Lentulus. Vera omnia esse intelligo, sed, precor, ne mea verba in partem sinistram accipias, nam ex tota amicitia et quadam iucunda verborum libertate dixi,

trefflichen und ehrbaren Mann schickt. Aber höre noch eins: Ich habe schon als Kind gehört, daß die Dichter gern lügen.

DICHTER. Das ist in der Tat, wie du schon sagst, ein bei den Ungebildeten weitverbreitetes Sprichwort. Aber diese Leute wissen nicht (wie es unser Lactantius bezeugen kann), welches der Maßstab für dichterische Freiheit ist und wie weit man sich beim Erdichten vorwagen darf. Denn die Aufgabe des Dichters besteht ja darin, daß man das, was sich tatsächlich zugetragen hat, in bestimmte Vorstellungen umsetzt und durch indirekte Gestaltung, mit einem bestimmten Schmuck, verwandelt. Die Dichter haben also nicht die Ereignisse selbst erdacht; wenn sie das täten, wären sie die reinen Schwindler. Vielmehr haben sie den tatsächlichen Ereignissen eine gewisse Färbung gegeben. Und wie es bei Strabo heißt: So wie einer Silber mit Gold verkleidet, so gibt auch der Dichter wahren Beobachtungen bestimmte Erzählungen bei, denen er durch Lieblichkeit und Schmuck stilistische Schönheit verschafft. Und um es zusammenzufassen: Alles Zusätzliche ist nicht für Zeit und Ewigkeit und nicht für jede Gelegenheit gedacht. Unsere Beschäftigung mit der Dichtkunst aber spornt die Jugend an, erfreut das Alter, verschönt das Glück, bietet Zuflucht und Trost im Unglück, erfreut daheim, ist draußen nicht hinderlich, bleibt bei uns auch nachts, begleitet uns in der Fremde und geht mit uns aufs Land. Doch auch wenn wir dies alles nicht selbst erreichen und mit unseren eigenen Sinnen ausprobieren könnten, so müßten wir es doch bewundern, selbst wenn wir es nur bei anderen sähen. Deshalb haben Plato und Ennius die Dichter ›göttlich‹ genannt, und diesen Titel hat keine Unkultur jemals entweihen können.

LENTULUS. Ich sehe ein, daß das alles richtig ist. Aber bitte, deute meine Worte nicht in eine falsche Richtung, denn ich habe ganz aus Freundschaftlichkeit heraus und mit einer Art lockerer Freimütigkeit gesprochen und nicht

non ad detractionem. Sum enim ex sophistarum numero, quorum mos est in omnibus rebus contrariam fovere partem ingenii acuendi gratia.

POETA. Ex mera amicitia provocatum me esse bene perspectum habeo, neque ego honestam litterarum disceptationem detrecto. Sed audi, quis est hic disputantium clamor?

LENTULUS. Accede propius et audies!

POETA. Audiemus ergo.

Quintus actus

Chrysippus, Leucippus, poeta.

CHRYSIPPUS. Cui rei studes, o Leucippe?

LEUCIPPUS. Subtilitatibus Scoti.

CHRYSIPPUS. Quid tibi videris de Scoto?

LEUCIPPUS. Talis debet existimari ab omnibus, qui eruditione et ingenii subtilitate omnes doctores Christianos excellat.

CHRYSIPPUS. Omnes? Mentiris ad collum tuum.

LEUCIPPUS. Verum dico. Immo et tu parcis veritati. Quem enim illi praeferre quisquam posset?

CHRYSIPPUS. O longe excellit eum omnium doctorum princeps Guilielmus Ockam.

LEUCIPPUS. Si credidero, tunc dii perdant me. Nihil enim teneo de secta vestra, immo omnes, qui hanc fovent, tamquam capitales inimicos habeo.

CHRYSIPPUS. Et ego eos, qui vestram sectam probant.

LEUCIPPUS. Tace, rana!

mit dem Ziel der Verunglimpfung. Ich zähle mich nämlich zu den Dialektikern, deren Gewohnheit es ist, bei allen Fragen die Gegenseite zu unterstützen, um den Verstand zu schärfen.

DICHTER. Daß ich nur aus Freundschaftlichkeit herausgefordert wurde, habe ich sehr wohl durchschaut, und ich lehne auch ein ernsthaft geführtes Streitgespräch über die Wissenschaften nicht ab. – Doch hör, was ist das da für ein Geschrei von Disputanten?

LENTULUS. Geh näher heran, dann kannst du es hören!

DICHTER. Also, wir werden es hören.

Fünfter Akt

Chrysippus, Leucippus, Dichter.

CHRYSIPPUS. Womit beschäftigst du dich, Leucippus?

LEUCIPPUS. Mit den Spitzfindigkeiten des Scotus.

CHRYSIPPUS. Was hast du für ein Bild von Scotus?

LEUCIPPUS. Alle müssen ihn als einen Mann schätzen, der an Bildung und an Feinheit des Verstandes alle christlichen Lehrer überragt.

CHRYSIPPUS. Alle? Du lügst dir den Hals voll.

LEUCIPPUS. Ich sage die Wahrheit. Du aber verfehlst sie. Wen denn könnte jemand ihm vorziehen?

CHRYSIPPUS. Oh – weit überragt ihn der Meister aller Lehrer, Wilhelm von Ockham!

LEUCIPPUS. Sollte ich das glauben, so mögen die Götter mich vernichten! Ich halte nämlich gar nichts von eurer Schule, sondern betrachte alle, die ihre Partei ergreifen, wie Todfeinde.

CHRYSIPPUS. Und ich diejenigen, die eure Schule gutheißen.

LEUCIPPUS. Schweig, Frosch!

CHRYSIPPUS. Tace tu, cicada!

LEUCIPPUS. Nisi me ratio tantorum virorum detineret, non temperarem mihi, quin de crinibus sursum deorsumque tractarem.

CHRYSIPPUS. Utinam attentares! Minis nemo umquam mortuus est. Tamen hoc unum denuntio et repetens iterum iterumque moneo: cornutam bestiam petis. Et de me dici potest, ut est in proverbio: foenum habet in cornu.

LEUCIPPUS. Exspectabo ad suum tempus. Tamen hoc non pigebit me dicere tuam sectam esse vanam penitus et erroneam.

CHRYSIPPUS. Ego tuam falsam omnino esse semper praedicabo.

LEUCIPPUS. Dic tu, domine poeta, precor (quoniam nulli sectae addictus es), quae tibi verior probabiliorque videatur?

POETA. Utra eorum verior sit et probabilior certant dialectici, et adhuc sub iudice lis est. Nec meum est, immo multum supra vires meas iudicium ferre de harum sectarum doctoribus. Existimo tamen ambos doctissimos fuisse, neutrum tamen eorum omnia novisse. Nemo enim unus, ut dicit Varro, omnia scire potest. Nemo item est, qui sibi non in aliquo errore indulgeat. Sed incredibilis est error, ut Lactantius, noster Christianus Cicero, testatur, illorum, qui, cum aliquam sectam probaverint eique se addixerint, ceteras damnant tamquam falsas et inanes. Armantque se ad proeliandum, nec quid defendere debeant scientes nec quid refutare. Incursantque passim sine delectu omnia, quae asserunt quicumque dissentiunt. Neque teste Quintiliano id statim legenti persuasum sit, om-

CHRYSIPPUS. Schweig du, Grille!

LEUCIPPUS. Hinderte mich nicht die Einsicht bedeutender Männer, so könnte ich mich kaum beherrschen, dich an den Haaren rauf- und runterzuziehen.

CHRYSIPPUS. Versuch's doch! An Drohungen ist noch keiner gestorben. Trotzdem sage ich dir dies eine, und ich wiederhole es gleich mehrfach: Du legst dich mit einem Tier an, das Hörner hat. Und von mir kann man sagen, wie es im Sprichwort heißt: Er hat Heu auf dem Horn.

LEUCIPPUS. Ich warte ab, bis es Zeit ist. Trotzdem werde ich mich nicht scheuen zu sagen, daß deine Schule durch und durch von Schein und Irrtum beherrscht ist.

CHRYSIPPUS. Und ich werde immer erklären, daß deine der Unwahrheit verfallen ist.

LEUCIPPUS. Nun sag doch bitte du, Herr Dichter (da du ja keiner Schule verpflichtet bist): Welche erscheint dir der Wahrheit näher und annehmbarer?

DICHTER. Welche von beiden der Wahrheit näher und annehmbarer ist, darüber streiten sich die Dialektiker, und der Streitfall ist noch immer nicht entschieden. Es ist auch nicht meine Sache, vielmehr überstiege es weit meine Fähigkeiten, über die Lehrmeister dieser Schulen ein Urteil zu fällen. Ich glaube jedoch, daß beide sehr gelehrt gewesen sind, daß aber keiner von ihnen alles gewußt hat. Denn kein einzelner kann, wie Varro sagt, alles wissen. Ebenso gibt es keinen, der nicht in irgendeinem Irrtum befangen ist. Vollends wunderlich aber ist nach dem Zeugnis des Lactantius, unseres christlichen Cicero, die Verblendung derer, die, wenn sie eine Schule für gut befunden und sich ihr verschrieben haben, alle übrigen als falsch und nichtig verdammen. Sie rüsten sich zum Kämpfen und wissen nicht einmal, was sie verteidigen und was sie widerlegen sollen. Sie stürzen sich überall wahllos auf alles, was sie für sich selbst beanspruchen und wo sie anderer Meinung sind. Wie Quintilianus erklärt, soll der Leser gar nicht sogleich überzeugt sein, daß alles,

nia, quae omnes auctores dixerunt, utique esse perfecta. Nam et labant aliquando et oneri cedunt et indulgent ingeniorum suorum voluptati nec semper intendunt animum. Nonnumquam fatigantur, quare Seneca bene dixit: non enim me cuiquam emancipavi, nullius nomen fero. Multum magnorum virorum iudicio credo, aliquid et meo vendico. Et si me volueritis audire: omnino non est immorandum in his opinionum subtilitatibus. Pessimum enim hoc habent in se: dulcedinem quandam sui faciunt, et animum egregium ad maiora natum specie subtilitatis inductum detinent et morantur, ut in his tamquam apud Syreneos scopulos consenescat. Quare rogo atque obtestor vos ambos: desistite ab hac contentione atque mutuis ab inimicitiis! Diversitas enim opinionum non introducta est ad odium atque invidiam, sed ad nudam exercitationem, ut in scholis contrarii, in foro amici et fratres, quemadmodum illi, qui certant pila, lucta, ceterisque gymnasiis, id est exercitationibus. Et ut finem faciam, audite cuiusdam Germani non inelegantis sinceraeque eruditionis viri verba, qui, cum oraret de concordia illarum sectarum, tandem ita concludit: maneat, obsecro, vera fraternitas, quae nullo certamine scholastico, nulla privata affectione possit violari. Audivi ex fidedignissimis viris apud Parhysios in eodem collegio, in eodem cubiculo simul fuisse, qui diversas diversarum opinionum doctrinas tradidissent, postea in eadem mensa veluti fratres simul esse refectos. Ne dubitate

was alle die Autoren gesagt haben, unbedingt vollkommen sei. Denn auch sie geraten bisweilen ins Wanken, geben der Last nach, folgen dem Reiz ihrer Neigungen und strengen nicht immer ihren Geist an. Manchmal werden sie müde, weshalb Seneca mit Recht sagt: »Ich habe mich niemandem ausgeliefert, trage keines anderen Namen.« Viel gebe ich auf das Urteil großer Männer, aber einiges nehme ich auch für mein eigenes Urteil in Anspruch. Und wenn ihr auf mich hören wollt: Überhaupt soll man sich bei solchen Feinheiten der einzelnen Meinungen nicht aufhalten. Denn etwas sehr Gefährliches bringen sie mit sich: Sie üben so einen eigentümlichen Reiz aus, und wenn sich ein herausragender und zu Höherem geborener Verstand durch den Glanz der Feinheit hat verführen lassen, dann fesseln sie ihn und halten ihn auf, so daß er dort wie bei den Klippen der Sirenen alt wird. Deshalb bitte und beschwöre ich euch beide: Laßt ab von diesem Streit und von den gegenseitigen Anfeindungen! Die Verschiedenheit der Lehrmeinungen ist nicht dazu geschaffen, um Haß und Neid zu erzeugen, sondern zur bloßen Übung. Daher können die, die in den Schuldisputationen Gegner sind, draußen Freunde und Brüder sein, genauso wie die Ballspieler, die Ringer und alle anderen, die Gymnastik betreiben, also Leibesübungen. Und um jetzt ein Ende zu machen, hört die Worte eines deutschen Mannes von feiner und unverfälschter Bildung, der, als er um Versöhnung zwischen jenen Schulen bat, endlich so schloß: »Jetzt herrsche, ich bitte darum, echte Brüderlichkeit, die durch kein Schulgezänk und auch durch keine persönliche Verstimmung verletzt werden kann.« Ich habe von sehr glaubwürdigen Männern gehört, daß in Paris im selben Kolleg, im selben Schlafraum welche zusammenlebten, die, nachdem sie unterschiedliche Lehren unterschiedlicher Schulrichtungen gelehrt hatten, anschließend an derselben Tafel wie Brüder zusammen aßen. Ihr dürft es glauben, tagtäglich

quottidie eiusdem principis consiliarios super eodem negotio proposito, diversas et contrarias afferre sententias. Nihilominus non altercantur mutuo, non invident. Cum senatum exeunt, salutem sibi impertiunt, brachiis cohaerent, simul pransitant et inter se gratificantur. Sic et vos facere decet, qui estis homines, et hi, qui ceteris modestia praestare debetis. Quoniam estis philosophi, estis unius linguae, unius nationis, unius patriae, unius universitatis membra, unius facultatis artisticae filii, unius civitatis incolae, sub una fide Christiana, sub una Peripateticorum secta. Habetis easdem leges, idem caput, eundem decanum, eadem statuta, eadem privilegia, eandem viam ad felicitatem, quam non nisi per pacem, per concordiam, per fraternum amorem consequi possumus.
Valete et plaudite.
Bebelius recensui.

Ad spectatores epigramma

Lusimus in paucis, quae sit sententia nostra
De pueri studiis. Doctificisque scholis
Iudiciumque meum taetro sine felle relatum
Iuro per aeternum sceptrigerumque deum.

Audistis, si non rugata fronte poetam
Nobiliora dein vel recitare studet
Imberbes tandem iuvenes defendite vatem
Vestra procurantem commoda ab invidia.

trugen sie als Ratgeber desselben Fürsten zur gleichen anstehenden Sache die unterschiedlichsten und gegensätzlichsten Meinungen vor. Trotzdem gab es unter ihnen keinen zänkischen Wortwechsel, keine Mißgunst. Wenn sie den Senat verließen, grüßten sie sich, umarmten sich; sie frühstückten gemeinsam und waren einander behilflich. So zu handeln steht auch euch an, die ihr Menschen seid, und zwar solche, die die anderen an Bescheidenheit übertreffen sollen. Denn ihr seid Philosophen, sprecht eine einzige Sprache, gehört zu einer Nation, habt ein Vaterland und seid Glieder der einen Universitätsgemeinschaft, Söhne der einen Artistenfakultät, Bewohner eines einzigen Gemeinwesens, dem einen christlichen Glauben zugehörig, der einen Schule der Peripatetiker. Ihr habt dieselben Gesetze, dasselbe Oberhaupt, denselben Dekan, dieselben Rechte und Pflichten. Ihr geht denselben Weg zum Glück, das wir nur in Frieden, Eintracht und brüderlicher Liebe erreichen können.
Lebt wohl und klatscht Beifall!
Ich, Bebel, habe es verfaßt.

Epigramm an die Zuschauer

Wir spielten in wenigen Szenen, was unsere Meinung ist
über das Studium eines jungen Menschen. In Schulen der Gelehrsamkeit
habe ich meine Ansicht ohne böse Gehässigkeit vorgetragen;
ich schwöre es beim ewigen, zeptertragenden Gott.

Wenn ihr dem Dichter ohne gerunzelte Stirn zugehört habt,
will er sich bemühen, später noch Edleres vorzutragen.
Ihr endlich, bartlose Jünglinge, verteidigt den Dichter,
der für euer Wohl Sorge trägt, gegen Mißgunst!

Oratio ad regem Maxi-milianũ de laudibus atq; amplitudie Germanię.

Contra quẽdam pseudopropheten. Carmen.

Carmen. Contra detractorem regię maiestatis.

Germani sunt indigenę.

Opusculum qui authores legendi sint ad cõparandam eloquentiam.

Comœdia. de optimo studio scholasticorum.

Elegia de duobus amãtibus.

Elegia de miseria humanę cõditionis pulcherrima.

Satyra. cõtra detractores et puersos mores hominũ.

Elegia de morte cuiusdã puellę formosissimę.

Epigrãmata varia.

Epitaphia multorum.

Hymni.

Panegyrici.

Inuectiuę.

Oratio de vtilitate linguę latinę. et vnde eruditi elo-quẽtesq; euadamus; & de optĩo pceptore eligendo.

Titelblatt des Sammelbandes von 1504, der die Erstdrucke der *Oratio ad regem Maximilianum* und der *Comoedia* (beides 1501) enthält

Zum Text

1. Zur Überlieferungslage

(Vgl. generell auch die Einführung, Abschn. IX.)

Heinrich Bebels Komödie *De optimo studio iuvenum* (so die Titelform im Binnentext des Erstdrucks von 1504) ist, wie eine Umfrage bei ungefähr einhundert europäischen Bibliotheken ergeben hat, in folgenden 5 Drucken überliefert:

Pforzheim: Thomas Anshelm, 1504	=	A
Zwolle: Peter Os van Breda, um 1506	=	B
Braunschweig: Hans Dorn, 1509	=	C
Straßburg: Matthias Schürer, 1513	=	D
Köln: Heinrich Quentel, um 1517/20	=	E

Zu A: Erstdruck in Antiqua, enthalten in einem Bebel-Sammelband, der üblicherweise nach dem ersten Einzeltitel zitiert wird: *Oratio ad regem Maximilianū de laudibus atq: amplitudīe Germanię.* Binnentitel des Stücks: *Comoedia. de optimo studio scholasticorum.* Benutztes Exemplar: Universitätsbibliothek Tübingen, Signatur: Dk II. 13a.4°. Weitere Standorte (z. T. nicht mehr gültig): *Deutscher Gesamtkatalog.* Bd. 14 (1939) Sp. 158. Nr. 14.2217; *Index Aureliensis.* Prima pars A/10 (1966) S. 400. Nr. 115.309 (dort unvollständige Titelaufnahme, gerade die *Comoedia* fehlt). Vergleichsweise wenige Abbreviaturen, klares Schriftbild. Zusätzliche Zeugnisse über eine eventuelle nähere Einwirkung des Autors auf die Realisierung des Drucks sind nicht erhalten.

Zu B: Fraktur-Druck, enthalten in einem Sammelband, dessen Titelblatt beginnt: *Hoc in opusculo continentur Henrici Bebelii Iustingēsis poete laureati elegantissimi Dialogus de optimo studio scholasticorum* ... Dem Text vorangestellt sind ein Vierzeiler »in laudem auctoris« und ein Zweizeiler »ad studiosos scholasticos« (s. Einführung). Auf dem Vorsatzblatt ein Kupfer: s. Abb. S. 159. Benutztes Exemplar: Stadtbibliothek Köln, Signatur AD^{s}36 (gut erhalten, auf dem Titelblatt reiche handschriftliche Notizen des 16. Jahrhunderts, spärliche Marginalien im Haupttext des 1. bis 3. Akts). Weiterer Standort (Darmstadt): *Deutscher Gesamtkatalog.* Bd. 14 (1939) Sp. 159. Nr. 14.2222; *Index Aureliensis.* Prima pars

A/10 (1966) S. 400. Nr. 115.312. Nach brieflicher Auskunft der Hessischen Landes- und Hochschulbibliothek Darmstadt befindet sich der Druck jedoch nicht mehr in den dortigen Beständen. Das Kölner Exemplar scheint gegenwärtig Unikat zu sein. Zuweisung des *Gesamtkatalogs:* »Münster um 1510: Gregorius Os de Breda.« Unsere Zuweisung folgt dem *Index Aureliensis*: »Zwolle, ca. 1506?« Eine Reihe gemeinsamer Varianten und Fehler mit C (gegenüber A), die auf Abhängigkeit des Drucks C von B (nicht umgekehrt) deuten. Die relative Datierung des Drucks B wird zusätzlich bestätigt.

Zu C: Fraktur-Druck im Rahmen eines Bebel-Sammelbandes mit dem Titel *Latiuñ ideoma* [sic!], in Anlehnung an den Schülerdialog des Laurentius Corvinus (s. Einführung). Der Druck enthält einen Titelholzschnitt (Lehrerszene): s. Abb. S. 154. Titel des Stücks: *Dialogus de optimo studio scholasticorum*, außerdem sind enthalten: *Oratio de utilitate linguae latinae* und ein *Epigramma de his qui impediunt studium nostrum.* Benutztes Exemplar: The British Library, Signatur: PS. 7970815 C.33.b.46 (offenbar Unikat). Vgl. *Index Aureliensis.* Prima pars A/10 (1966) S. 401. Nr. 115.319. Auffällig sind zahlreiche drucktechnische Nachlässigkeiten und Fehler (z. B. Auslassung einzelner Wörter), die B nicht aufweist; siehe auch zu B.

Zu D: Antiqua-Druck innerhalb eines Bebel-Sammelbandes, dessen Titelblatt beginnt: *Opvscvlvm Henrici Bebelij Iustingensis de institutione puerorum* ... Titel des Stücks: *Comoedia vel potius dialogus de optimo studio Scholasticorum.* Dem Stück geht voraus: *Opusculum qui auctores legendi sint ad comparationem eloquentiae.* Es folgen: *Oratio de vtilitate eloquentiae, & quae res faciat pueros eloquentes. Apologia & defensio Bebelij contra aduersarios suos.* Benutztes Exemplar: Leopold-Sophien-Bibliothek Überlingen, Signatur: 3047.61b. Weitere Standorte des in Europa stark verbreiteten Drucks: *Deutscher Gesamtkatalog.* Bd. 14 (1939) Sp. 159. Nr. 14.2224; *Index Aureliensis.* Prima pars A/10 (1966) S. 405. Nr. 115.342 (es fehlt das wegen seiner handschriftlichen Eintragungen des 16. Jahrhunderts – Aufführungen! – interessante Exemplar der Cambridge University Library, Signatur: Sel.5.106[9]). Gut lesbarer, sorgfältiger Druck mit einer Anzahl von Textänderungen gegenüber A, vermutlich auf Bebel selbst zurückgehend (s. Einführung).

Zu E: Fraktur-Einzeldruck, erst sekundär mit anderen Titeln anderer Autoren zusammengebunden (s. Einführung). Titelform: *Dialogus de optimo studio scholasticorum*. Benutzte Exemplare: Herzog August Bibliothek Wolfenbüttel (Sammelbände), Signatur: Qu N 254.2, und Li Sammelbd. 42 (letzterer mit zahlreichen Marginalien und Interlinearen des 16. Jh.s). Weiterer Standort: Universitätsbibliothek Jena, vgl. *Gesamtkatalog*. Bd. 14 (1939) Sp. 161. Nr. 14.2244; *Index Aureliensis*. Prima pars A/10 (1966) S. 406. Nr. 115.353. Vergleichsweise starke Verwendung von Abbreviaturen, sorgfältig gesetzt, eine Reihe gemeinsamer Varianten bzw. Fehler mit B und C; vermutlich war B Druckvorlage für E. Datierung nach *Gesamtkatalog* und *Index Aureliensis*: Köln um 1520. Druck- und Buchtechnisches (Druckersignet u. a., freundlicherweise begutachtet von Herrn Kopp, Herzog August Bibliothek Wolfenbüttel), auch die Daten der mit zusammengebundenen Titel sprechen für ein Jahr vor 1520, am ehesten etwa 1517/18.

2. *Zur Textgestalt*

a) Lesetext

Zwei Gesichtspunkte waren ausschlaggebend dafür, daß als Grundlage für die Textkonstitution die Editio princeps von 1504 (Druck A) gewählt wurde. Das Stück sollte in möglichst engem Konnex mit seinem ursprünglichen historisch-autobiographischen Zusammenhang gesehen werden: Dichterkrönung Bebels durch Maximilian zu Pfingsten 1501 in Innsbruck und Aufführung der *Comoedia* noch im Herbst des gleichen Jahres in Tübingen. Ferner ist für die späteren Drucke – mit Ausnahme möglicherweise von D – eine unmittelbare Einwirkung Bebels unwahrscheinlich. Dementsprechend wurde in den Text von A möglichst wenig eingegriffen. Grammatikalisch Auffälliges oder gar ›Regelwidriges‹ wurde, wo es von Bebel offenkundig beabsichtigt ist (etwa bei den Fehlern und Barbarismen des Lentulus im 4. Akt), selbstverständlich beibehalten. Auf der anderen Seite war es das Bestreben, in Orthographie und Interpunktion den Gewohnheiten heutiger Leser im Umgang mit lateinischen Textausgaben – besonders solchen aus Reclams Universal-Bibliothek – nach Möglichkeit entgegenzukommen. Es wurde also bewußt auf das gewiß reizvolle Kolorit der lateinischen Drucke um 1500 verzichtet, in der Hoffnung, dem Nichtspezialisten den Zugang zu erleichtern.

b) Prinzipien der Normalisierung

Im einzelnen wurde unter anderem nach folgenden Grundsätzen normalisiert:

- Abbreviaturen sind aufgelöst (eventuelle Varianten der Drucke in den Apparat aufgenommen);
- eindeutige Druckfehler der Editio princeps sind, z. T. in Übereinstimmung mit anderen frühen Drucken, stillschweigend korrigiert;
- originales *e* für *ae* oder *oe* ist ausgewechselt (precepta → praecepta, Phebo → Phoebo);
- orthographische – z. T. auch phonetische – Wechselformen wie *c/t* vor *i* oder *c/ch*, *f/ph*, *i/y* sind nach heutigem Usus vereinheitlicht (solatium → solacium, aber ocium → otium; charitatem → caritatem; nephandos → nefandos; hylarem → hilarem, usw.);
- Eigennamen und Satzanfänge sind groß geschrieben;
- schwankende Eigennamen-Schreibung ist vereinheitlicht (Ingsteten, Ingstetten; Inspruck, Innspruck) und, wo nötig, heutiger Norm angeglichen (Methrodorus → Metrodorus);
- die Namen der Dialogsprecher sind konsequent ausgeschrieben und gegenüber dem Sprechtext links herausgerückt;
- die in sich selbst sehr inkonsequente, oft auch eindeutig fehlerhafte Interpunktion ist modernisiert und vereinheitlicht; in einzelnen Fällen ist eine sinnvolle ›rhetorische‹ Interpunktion beibehalten.

c) Gestaltung der Varianten

Entsprechend dem zur Überlieferung sowie zu Textgestalt und Normalisierung Gesagten ist der Variantenapparat stark restriktiv gehalten. Alle den Sinn berührenden Varianten sind aufgenommen. Dies gilt auch für offenkundige Korruptelen, die ein Licht auf die Rezeptionsgeschichte werfen (seltene Wörter, die nicht verstanden wurden, wie S. 22,28 decipulae *ADE*, discipulae *BC*). Einzelne interessante Details zu Morphologie und/oder Syntax sind ebenfalls verzeichnet (S. 10,20 Idus *C*, Idibus *D*; S. 30,5 illic *C*). Singuläre Varianten, die lediglich Druckfehler darstellen, erscheinen nicht im Apparat. In Grenzfällen wurde die besondere überlieferungsgeschichtliche Bedeutung der Drucke A und D berücksichtigt (etwa S. 22,22 vos *D*).

3. Verzeichnis der Varianten

6, 4 Wormatiensis *CE*
6,19 Brixinen *BCE*
8,10 elemosinam *BC*, elemosynam *E*
8,19 Regem *ABCD*
8,21 provinciam susceptam *E*
8,27 f. cuius tanta in me sunt beneficia *C*
10,20 Idus Novembris *C*, Idibus Novembris *D*
12, 6 reliquos *C*
16, 4 fili amantissime *ABCD*
16, 5 consulaturi *BCE*
16,11 Philologum *ABCDE*
16,12 me Hercule *AD*, me hercule *BCE*
16,16 per oportune *ABCD*
16,18 tuoquoque *C*
16,21 michi *C*
16,24 Swollis *BCE*
18,15 glosam *ABCDE*
18,16 Joannem *BCE*
20, 2 pro utili *C*
20,18 definitionem *E*
20,21 f. quid verbum quid adverbium *BCE*
20,23 earumque *C*
22,22 vos *D*
22,28 discipulae *BC*
24,10 iuvenibus hi traduntur ex his *BCE*
iunioribus pueris hi traduntur et his *D*
24,18 Virgilium *BCDE*
24,29 credo *C*
26,14 cum *ABC*
26,23 discolis *BE*, discholis *C*, dyscolis *D*
26,29 nemo nostrum est qui *ABCE*
28, 6 Cleantes *ABCDE*
28,11 Methrodorum *ABCDE*
30, 1 qui gratia quod auctoritate *BCE*
30, 5 illic *C*
30,23 commodo duxi *BE*
30,26 me Hercle *ABCDE*
36,23 institutam *A*

38, 9 quanta vestrorum elegantia *BCE*
42,10 f. et hilarem te praebere debebis *BCE*
42,16 f. loquendi studiosior *BCE*
44,20 sum *BCE*
46,23 discertare *BCE*
48,11 mea *BC*
48,19 existimas *D*
48,20 et scis *C*
50, 6 tu nihil hoc *BE*
50,18 beneveniat *DE*
50,29 quis potest scire *E*
52,20 amabiliusve et *C*
54,12 f. a te *B*
56,1 f. nihil impudicum *fehlt in C*
56,29 f. et ut summa *C*
58,15 sunt enim poétae *E*
60,14 urere recta *BCE*
60,24 reprehensibilis *C*
64, 9 audiamus *E*
64,19 Leucippus e verū dico *C*
68, 7 voluerit *C*
68,12 Syrenos *B*
68,24 audivi etiam ex *BCE*
68,28 ne dubitare *B*
70, 4 incipiunt *ACE*
70, 9 unius achademie membra *BCE*

Anmerkungen

5,2 *De optimo studio iuvenum:* so die Titelform im Binnentext des hier zugrundegelegten Erstdrucks A (1504), dagegen auf dem Vorsatzblatt des betreffenden Bebel-Sammelbandes von 1504 *Comoedia de optimo studio scholasticorum.* Vgl. auch die Formulierung »dialogum de optima adolescentum institutione« zu Beginn des Schlußabschnitts der *epistola.* Näheres zur Titelform und zu den späteren Drucken siehe S. 155–162 (Einführung) und S. 73–75 (Zum Text).

6,1 *patrem:* Ehrentitel ›pater‹ für den Wohltäter, Schutzherrn (patronus) wie schon antik: etwa Horaz, *Epistulae* 1,7,37.

6,2 f. *Ludovicum Nauclerum alias Vergenhans:* Ludwig Vergenhans (um 1425/30–1513), Jurist, kaiserlicher Rat, Propst von Heiligenkreuz in Stuttgart (mit besonders reichen Pfründen), Domherr zu Konstanz und Worms, später auch von Augsburg, schließlich württembergischer Kanzler, ist der jüngere Bruder des bekannteren Johannes Vergenhans (s. Anm. zu 8,26). Der Name Vergenhans ist nach humanistischer Manier ins Griechische übersetzt (ναύκληρος ›Fährmann‹) und dann latinisierend Nauclerus geschrieben. Die Drucke der *Comoedia* bringen die Form »Fergenhans«, überwiegend wird jedoch damals, auch an anderen Bebel-Stellen, »Vergenhans« verwendet. Grabporträt des Ludwig Vergenhans aus der Stuttgarter Stiftskirche abgebildet in: *Die Universität Tübingen von 1477 bis 1977 in Bildern und Dokumenten*, hrsg. von Hansmartin Decker-Hauff und Wilfried Setzler, Tübingen 1977, S. 23 (dort S. 24 f. auch eine genealogische Tafel).

6,6 *Epistola:* Gattungsbezeichnung für die Widmungsvorrede, gelegentlich auch mit dem Zusatz *dedicatoria.* Form, Argumentation und Motivik auf dem Hintergrund breiter antiker Tradition; zum zeitgenössischen Usus Karl Schottenloher, *Die Widmungsvorrede im Buch des 16. Jahrhunderts*, Münster i. W., 1953.
Iustingensis: die von Bebel selbst bevorzugte Herkunftsbezeichnung (Näheres s. Einführung); hier betont sie zusätzlich die Verbundenheit mit dem Adressaten, der ebenfalls aus Justingen oder dessen näherer Umgebung stammt.

6,12 *secreta perspexi, vitae eius interfui:* fast wörtliches Zitat aus Seneca, *Epistulae morales* 6,6, und zugleich Bezugnahme auf die Rede des Philologus am Schluß des 1. Akts der *Comoedia* (S. 26),

wo die gleiche Seneca-Stelle ausführlicher zitiert wird (s. Anm. zu 26,26). Wie dort das Verhältnis von Kleanthes zu Zenon dargestellt wird, so huldigt Bebel hier Vergenhans durch die Anspielung wie einem philosophischen Lehrer.

6,13 *nuper:* bezieht sich auf das Zusammentreffen mit Ludwig Vergenhans in Innsbruck im Gefolge Maximilians um Pfingsten 1501.

regem: korrekter Königstitel, wie im Titel der *Oratio ad regem Maximilianum de laudibus atque amplitudine Germaniae* von 1501, wo freilich innerhalb des Textes Maximilian auch als Caesar und als Imperator angeredet wird. Maximilian wurde 1486 zum römischen König gewählt, beherrschte ab 1493 alle habsburgischen Länder (und Burgund) und wurde seitdem mehr und mehr in quasi-kaiserlicher Funktion anerkannt. Offizielle Bestätigung durch Papst Julius II. und Annahme des Kaisertitels (ohne Krönung) erst 1508.

Innspruck: Maximilian weilte in Innsbruck und Umgebung ungefähr vom 29. Mai bis zum 4. Oktober 1501 (freundliche Auskunft von Herrn Prof. Dr. Hermann Wiesflecker, Graz, aufgrund der Regesten).

6,14 *parentem:* vgl. Anm. zu 6,1; die Schutzfunktion hier im Zusammenhang noch deutlicher.

Tunc: Das Folgende nimmt auf Ludwig Vergenhans' umfangreiche Innsbrucker diplomatische Aktivitäten, vor allem im Dienst Maximilians, Bezug. Vergenhans verhandelte während dieser Zeit insbesondere mit dem päpstlichen Legaten und mit dem Nürnberger ›Reichsregiment‹ (das dem König als Kontrollinstanz vorgesetzt worden war). Die Bedeutung der Verhandlungen und auch der Vertrauensstellung bei Maximilian wird im übrigen durch die Regesten bestätigt.

6,18 *imperialibus:* betont eindeutig die ›Reichs‹-Weite der Verhandlungen.

6,19f. *Hinc episcopus ... Tirolis:* Das Bistum Brixen, am Ausgang des 11. Jh.s ein reichsunmittelbares geistliches Fürstentum, war seit 1363 mit der Grafschaft Tirol ›konföderiert‹. Fürstbischof von Brixen war in den Jahren 1488–1509 Melchior von Meckau, ausgeprägter Diplomat und Machtpolitiker, später kaiserlicher Verbindungsmann beim Papst (Näheres s. Anselm Sparber, *Die Brixner Fürstbischöfe im Mittelalter*, Bozen 1968, S. 164ff.).

6,23 *Raymundus cardinalis:* Kardinal Raimundo Peraudi, von Papst

Alexander VI. als Legat für das Reich benannt, wurde von Maximilian und dem Reichsregiment zunächst nicht zugelassen. Maximilian gab schließlich nach, wogegen das Reichsregiment am 24. April 1501 die Anerkennung förmlich ablehnte (diese und andere damit zusammenhängende Ereignisse bei Roland Schäfer, *König Maximilian I., Europa, das Reich und die Erbländer im Jahre 1501*, Diss. Graz 1964 [masch.], S. 102 ff.). Peraudi reiste ein, während Maximilian von Nürnberg durch Schwaben nach Innsbruck zog (Mai 1501); dort Zusammentreffen der beiden. Der hier angedeutete politische Kontext erklärt zugleich Vergenhans' eigentümliche – und z. T. schwierige – Zwischenstellung.

6,24 *peculiari:* Maximilian bestimmte Vergenhans zum Begleiter des Kardinals Peraudi, als dieser von Innsbruck nach Nürnberg zu Verhandlungsversuchen mit dem Reichsregiment aufbrach (Schäfer, *König Maximilian I.*, S. 117).

6,25 f. *At nullis ... obeunda:* bezieht sich auf die vielen strapaziösen Verhandlungen und Reisen, zugleich auf die komplizierte diplomatische Lage, in der Vergenhans zu vermitteln hatte.

8,7 f. *omnes pauperes et afflictos:* Vergenhans' Wohltätigkeit stützte sich auf umfangreiche Besitztümer und Pfründen, die von Stuttgart bis nach Eppan in Südtirol verstreut waren.

8,11 *beneficiis:* in diesem Fall geistliche Pfründen bzw. kirchliche ›Benefizien‹, die aus Zuweisung von Land, laufenden Geldeinnahmen und dgl. bestanden. Der Zusatz »iisdem tamen probatis« zielt deutlich auf zeitgenössische Mißstände innerhalb des Klerus und insbesondere des Pfründenwesens.

8,18 f. *me ignotum pene:* sowohl auf Vergenhans als auch auf eine weitere Öffentlichkeit beziehbar. Zur einfachen Herkunft Bebels und zu seinem allmählich erst steigenden Ruhm siehe die Einführung. Auch zu Beginn der *Oratio* an Maximilian (1501) hebt Bebel hervor, daß er vom König huldvoll aufgenommen wurde: »ego adulescens infimae condicionis humillimoque loco natus«.

8,21 f. *Quare si referre gratiam:* Das Folgende nimmt Grundgedanken vor allem der römischen mäzenatischen Ideologie auf: Nicht nur die jeweils gewidmete Schrift, sondern auch der weiter wachsende Ruhm des Geförderten wird den Förderer belohnen, noch bei der Nachwelt. Ähnliche Argumentation in dem Widmungsgedicht an Matthäus Lang (»virum celeberrimum et Mecoenatem poetarum«, Innsbruck Pfingsten 1501), das der *Oratio* an Maximilian vorangestellt ist.

8,22 f. *quoniam ... nihil:* vgl. aus dem Widmungsgedicht an Matthäus Lang (s. Einführung):
»Munera non habeo: cum sim pauperrimus ipse.
Cum nequeat nummos: carmina mittit inops.«

8,26 *fratris tui Ioannis Naucleri:* Johannes Vergenhans (1425–1510), ›Gründungsrektor‹ und dann zweiter Kanzler der Universität Tübingen, bekannt auch als Verfasser einer ›Weltchronik‹, wichtigster Berater des Grafen Eberhard in Angelegenheiten der Bildung, selbst in Paris und Basel geprägter Humanist, hat die entscheidenden Voraussetzungen auch für Bebels Tübinger humanistische Tätigkeiten geschaffen. Bebel verfaßte das Epigramm für V.s Grabstein. Die Erwähnung des für Bebel in Tübingen noch wichtigeren Bruders Johannes liegt auf der Hand, die *beneficia* waren angesichts der noch nicht gefestigten Stellung (s. Einführung) um so dringlicher. Zur Orientierung vgl. Hermann Haering, »Johannes Vergenhans, genannt Nauclerus«, in: *Schwäbische Lebensbilder*, Bd. 5, Stuttgart 1950, S. 1 ff.

10,2 *officii mei:* Gemeint ist, namentlich in unmittelbarer Nachbarschaft zur Erwähnung des Johannes Vergenhans, die ›Amtspflicht‹ als bestallter *Poeta*, d. h. Vertreter der *studia humanitatis*, an der Universität Tübingen.

10,4 *Accipe nunc:* Widmungsgeste, die den Vorgang der ›Überreichung‹, auch wenn sie nicht persönlich geschah, symbolisch hervorhebt.
dialogum: zum Gattungsbegriff und zum Werktitel siehe Einführung, Abschn. III.

10,5 *quem recitavimus:* Ort und nähere Umstände der Aufführung sind nicht sicher bestimmbar, zumal die frühen Universitätsakten, insbesondere die Senatsunterlagen, wegen des Brandes der Sapienz (mit Archiv) von 1534 nur in spärlichen Resten erhalten sind. Nach Vermutung von Herrn Oberstaatsarchivrat Dr. Volker Schäfer (Universitätsarchiv Tübingen) ist wahrscheinlich an einen Saal in der Sapienz südwestlich der Stiftskirche zu denken; dort tagte auch sonst gelegentlich der Senat. Der Chor der Stiftskirche, bei höheren Universitätsfestlichkeiten, Promotionen und Disputationen als Veranstaltungsraum verwendet, scheidet wohl aus. Knapper Überblick über die in Frage kommenden Baulichkeiten (mit Abbildungen): *Die Universität Tübingen von 1477 bis 1977 in Bildern und Dokumenten*, S. 33 ff. Nicht ganz auszuschließen ist auch eine Aufführung im Freien (vgl. die

Hinweise auf eine Linde und auf einen Porticus innerhalb des Stückes selbst), so wie für Jacob Lochers *Historia de rege Franciae* 1495 an der Universität Freiburg die Aufführung in einem der Gärten bezeugt ist. Dazu Wolfgang F. Michael, *Frühformen der deutschen Bühne*, Berlin 1963, S. 76 und 181.

10,5 *in praesentia fratris tui:* Johannes Vergenhans war als Kanzler, wenn der Senat sich versammelte, natürlich auch zugegen. Ob ein bestimmter Anlaß den Rahmen abgab, ist aus den überlieferten Zeugnissen ebensowenig zu bestimmen wie das genaue Datum der Aufführung (identisch mit dem der Widmung?).

10,6 *nostri gymnasii:* ›gymnasium‹ ist neben ›studium‹ in dieser Frühzeit eine geläufige Bezeichnung für ›Hochschule, Universität‹. Im Text der *Comoedia* begegnen daneben auch ›gymnasium universale‹ und ›universitas‹.

10,9 *pellegas:* die gleiche Wendung (in der Form »Pellege«) auch zu Beginn des erwähnten Widmungsgedichts für Matthäus Lang. Hinweise auf genaues Lesen, auch auf das ›Späterlesen‹ bei vielbeschäftigten Adressaten, sind seit der Antike Bestandteil vieler Widmungen.

10,13 f. *recentia ... praesentes:* Mittelalterliche *sordent*-Sprichwörter nennt Hans Walther, Proverbia sententiaeque latinitatis medii aevi (Göttingen 1963–66), T. 5, S. 76, Nr. 30041 b/c.

10,15–18 *Inveteratos ... emendabimus:* erster, zugespitzter Hinweis auf die aktuelle Bildungsdiskussion, dem Tendenzcharakter der *Comoedia* entsprechend.

12,1 *Argumentum:* kurzgefaßte Inhaltsangabe; vgl. Einführung, Abschn. VII. Der Tempuswechsel ab *committit/didicit*, der auch in Argumenta zu Komödien des Plautus begegnet, ist im Deutschen nicht nachgebildet.

12,3 *gymnasium universale:* s. Anm. zu 10,6.

12,5 *sophismata:* Syllogistik ist die Lehre von der Form des logischen Schlusses, die von Aristoteles begründet und von der Scholastik weiterentwickelt wurde. Der logische Schluß ist danach aufgebaut aus zwei Prämissen – dem Obersatz (propositio maior) und dem Untersatz (propositio minor) – und dem Schlußsatz (conclusio). *Sophismata* bedeutet in der Antike meist ›Trugschlüsse‹; vgl. Cicero, *Academica* 2,75: »quorum sunt contorta et aculeata quaedam sophismata, sic enim appellantur fallaces conclusiuncula«; vgl. auch Seneca, *Epistulae morales* 111,1: »cavillationes« (d. h. sophismata). Im Mittelalter behält ›sophisma‹ (syn-

onym mit ›fallacia‹) die Bedeutung ›Trugschluß‹; das syllogistische Schließen gilt jedoch als legitimes, wertfreies Verfahren, wenngleich eingeräumt wird, daß es zu Trugschlüssen führen kann. Indem Bebel *sophismata* verwendet, betont er diese Irrtumsmöglichkeiten und bringt dadurch das ganze Verfahren in Mißkredit.

12,5 *eloquentiam moresque:* in dieser Zusammenstellung terminologisch zu verstehen als Bezeichnung für die Disziplinen Rhetorik und Ethik, die hier programmatisch miteinander verbunden werden (vgl. auch 1. Akt, Schlußrede des Paraetianus). Im 4. Akt gebraucht Bebel auch den Terminus *rhetorica* einige Male, jedoch im engeren Sinne der Stil- und Figurenlehre.

14,1 *Ad spectatores:* Zur Zuschaueranrede und Aufführungspraxis früher Humanistendramen vgl. Einführung, Abschn. III.

14,2 *animis linguisque favete:* vgl. Vergil, *Aeneis* 5,71; Horaz, *Carmina* 3,1,2; Tibull, *Elegiae* 2,2,2; Ovid, *Amores* 3,2,43, und *Metamorphoses* 15,677; Martial, *Epigrammata* 10,87,3. Vgl. dazu Seneca, *Dialogi*, 7,26,7: »hoc verbum [i. e. favete linguis] non, ut plerique existimant, a favore trahitur, sed imperat silentium, ut rite peragi possit sacrum nulla voce obstrepente«. – Die aus dem römischen Kultus stammende und daher stark rituell geprägte Bitte um Ruhe findet sich auch in den Prologen der römischen Komödie, bei Plautus und Terenz; sie soll den Zuschauer zu besonderer Aufmerksamkeit aufrufen; vgl. Terenz, *Andria* (prologus) 24.

14,6 *castra:* In der römischen Liebeselegie wird die Liebe häufig als eine Art von Kriegsleben betrachtet und mit militärischen Begriffen beschrieben (vgl. Ovid, *Amores* 1,9,1: »Militat omnis amans, et habet sua castra Cupido«; vgl. dazu Alfons Spies: *Militat omnis amans. Ein Beitrag zur Bildersprache der antiken Erotik*, Tübingen 1930, bes. S. 64; vgl. auch: *Glossarium eroticum*, hrsg. von Gaston Vorberg, Hanau 1965). Hier steht *castra* allerdings in eigentümlicher Verbindung mit Priapus und parallel zu *toros*.

Priapi: Priapus, ein Sohn des Dionysos und der Aphrodite, in Kleinasien als Fruchtbarkeitsgott verehrt; vgl. Vergil, *Georgica* 4,110 f., und *Eclogae* 7,33 f.; Horaz, *Satirae* 1,8,1 ff. – Nach P. wurden die Priapeia benannt, obszöne Kurzgedichte. Vermutlich aus diesen Gründen wird P. hier angeführt als Beispiel für sexuelle Zügellosigkeit, die auch Knabenliebe einschließt: Vgl. Tibull, *Elegiae* 1,4.

14,7 *Thyesteos:* Der Mythos besteht aus mehreren Geschichten: Thyest verführte Aerope, die Frau seines Bruders Atreus, und zeugte mit seiner eigenen Tochter Pelopeia ein Kind. – Für den Ehebruch rächte sich Atreus, indem er die Kinder des Thyest schlachtete und sie ihrem Vater zum Mahl vorsetzte. – Das lat. Wort toros in seiner Doppeldeutigkeit läßt nicht klar erkennen, auf welche Geschichte sich Bebel hier bezieht; mögliche Quellen für Bebel: Seneca, *Thyestes*; Hyginus, *Fabulae* 86 und 88.

14,9 *Sit procul:* Abwehr des Vorwurfs der Unmoral, der seit der Antike (vgl. Laktanz, *Divinae institutiones*, epitome 58) gegen Dichtung, besonders gegen Gattungen wie Elegie und Satire, erhoben wurde. Vgl. Bebels Gegenargumente im 4. Akt.

16,2 *Rapardus:* lat. rapum ›Rübe‹.
Vigilantius: lat. vigilans ›aufgeweckt, aufmerksam, gewitzt‹; s. S. 18,9 f. das Wortspiel mit *invigilasti.*

16,3 *Paraetianus:* griech. παραίτιος ›mitbewirkend‹. – Die sprechenden Namen der dramatis personae verweisen auf deren Lebensbereich oder Charakter und – im Fall des Paraetianus – auf die soziale, auch dramenimmanente (Mittler-)Funktion.

16,5 *philologum:* Im Unterschied zu den im folgenden genannten *grammatici* des Mittelalters, den *praeceptores* und *magistri* des Vigilantius, ist hier ein Vertreter der klassischen Latinität gemeint.

16,12 *mehercule:* umgangssprachliche Beteuerungsformel besonders in der römischen Komödie; in diesem Text (vgl. bes. 4. Akt) als sprachlich-gestisches Element verwendet.

16,17 *Eram enim in itinere:* Germanismus.

16,22 *scholas triviales:* niedere städtische Lateinschulen.

16,24 *Ulmae:* Ulm besaß eine bis ins 13. Jh. zurückgehende Lateinschule; Buchdruck und Buchholzschnitt erlebten hier schon im 15. Jh. einen Höhepunkt.
Suollis: Zwolle war stark von der gegen Ende des 14. Jh.s einsetzenden Devotio moderna beeinflußt, einer religiösen Strömung, die in ihrer Ausrichtung auf persönliche Frömmigkeit dem Humanismus nahestand.

16,24 f. *Daventriae:* Deventer war ebenfalls ein Zentrum der Devotio moderna. – D., Zwickau und Zwolle werden als Ausbildungsorte auch bei Wimpheling, *Stylpho*, 2. Szene, genannt.

18,9 *Potuisti:* wörtliche Übersetzung des lateinischen Textes: »Du hättest auch Vigilantio sagen können.« Grammatikalisch ist im

klassischen Latein die Antwort mit dem Namen entweder in dem Kasus, in dem im Fragesatz »nomen« steht, oder im Dativ möglich.

18,10 *invigilasti:* im Lateinischen Wortspiel: *Vigilantio – invigilasti.*

18,14 *Alexandri:* Alexander de Villa Dei (Normandie; 1170–1250), Franziskaner; Vertreter der scholastischen Grammatikkonzeption, verfaßte das bis ins 16. Jh. im Schulunterricht verwendete Grammatiklehrbuch *Doctrinale puerorum*, das vielleicht schon 1462 in Mainz, sicher 1473 in Venedig gedruckt wurde. – Das *Doctrinale* war ein beliebter Gegenstand der Kritik in den humanistischen Schülerdialogen (vgl. Einführung, Abschn. VII). Bebel schrieb in seinen *Commentaria de abusione linguae latinae* im Jahr 1500 (in: *Commentaria epistolarum conficiendarum*, Straßburg 1513, fol. XVII^r): »Alexander Gallus [. . .], quem tamen in prima parte sui operis sine commentariorum meandris non inutilem censeo, dummodo modum faciamus nec semper immoremur et tanquam apud sireneos scopulos consenescamus. Secundam autem partem eiusdem penitus inutilem censeo adolescentibus, pestiferumque virus, quippe quae nihil in se contineat quod scire dignum sit, ut tota dicatur merito impedimentum studiorum. Tertia autem pars imperfectissime tradit quantitates; hoc est cur nos Germani facile peccemus in syllabarum quantitatibus, nimium confisi Alexandro.« – Bei der Aufzählung der Autoren, die er zu den *Commentaria* benützt hat, führt Bebel Alexander – und auch Johannes von Garlandia – unter der Überschrift »Auctores taxati et errorum accusati ab auctore«, Unterabteilung mit »plures errores« an. – Auffallend ist, daß Vigilantius nur zwei Teile des Alexander kennt. Die Dreiteilung des Alexander war zu dieser Zeit allgemein üblich.

18,15 *Remigii:* Remigius von Auxerre (nach 841 – um 908) verfaßte glossenartige Kommentare zur *Ars grammatica maior* und zur *Ars grammatica minor* des Donatus und einen Kommentar zu Priscianus.

Ioannis de Nova Villa: Johannes von Neapel (gest. nach 1336), Dominikaner; Verfasser theologischer Werke.

18,15 f. *glossam Donati:* Donatus, Mitte des 4. Jh.s in Rom, verfaßte eine *Ars grammatica*, bestehend aus einer *Ars minor* und einer *Ars maior*. Die *Ars minor* erfuhr als Schulbuch große Verbreitung. Mit der Glosse zu Donatus dürfte wohl der Kom-

mentar des Servius (s. S. 24,1) gemeint sein, wenn man dies aus der gehäuften Anführung des »Servius super Donatum« in Bebels Schrift *De abusione linguae latinae* schließen kann. – Der Titel *glossa* im Singular ist im Mittelalter als Werkbezeichnung nicht ungewöhnlich.

18,16 f. *Ioannis de Garlandria* [sic!]: Johannes von Garlandia (außer bei Bebel – hier wie an anderen Stellen – war die Form *Garlandria* nirgends zu finden; geb. 1195, gest. zwischen 1260 und 1270) verfaßte Werke, die großenteils für die Schule bestimmt waren, so auch den *Cornutus*; überarbeitete das *Doctrinale*.

18,17 *Alanum:* Alanus de/ab Insulis (Lille; 1120–1202), Wegbereiter der Aristoteles-Rezeption, verfaßte theologische und poetische Werke. Der zitierte Anfang stammt aus dem *Doctrinale minus alias Liber Parabolarum*: »A Phoebo Phoebe lumen capit«.

20,4 *quinque figuris Alexandri:* Bebel, *De abusione linguae latinae*, fol. LXVIII^r: »figura sit arte aliqua novata forma dicendi [...]. Figura igitur est exornatio verborum ac sententiarum [...] quinque igitur figurae Appositio, Evocatio, Conceptio, sive quod idem est Syllepsis, Prolepsis et Zeugma, quas ponit Alexander Gallus non sunt vitiosae sed orantae et grammaticis orationibus multo elegantiores.« – Vgl. *Doctrinale* 2,8,1074–1130 (Ausgabe: *Monumenta Germaniae Paedagogica*, Bd. 12): Die fünf Figuren werden nur z. T. ausdrücklich benannt, dort aber in einzelnen Abschnitten theoretisch dargestellt und an Beispielen erklärt. Der Ausdruck »fünf Figuren« begegnet an der Stelle nicht. Dafür, daß diese Stelle gemeint ist, spricht jedoch auch die nachfolgende Erklärung der Fälle und der *vires*. – Vgl. die entsprechende Kritik am Grammatikunterricht in den ersten Worten der Titelfigur im *Stylpho* Wimphelings (Ausg. Schnur, S. 10); in beiden Fällen ›Exposition‹.

20,9 *viribus:* vgl. *Doctrinale* 2,8,1131 ff. Die Behandlung der fünf Figuren und der vires (der Begriff kommt im *Doctrinale* allerdings nicht vor) beginnt mit dem Vers: »Hic iubet ordo libri vocum regimen reserari« (1074). In den »Testimonia«, die in der MGP-Ausgabe dem Text des *Doctrinale* zu Wörtern, Versen oder Kapiteln beigegeben wurden, heißt es unter Berufung auf Priscianus und eine Quelle für Grammatikkommentare z. B.:

genitivus ex vi possessionis
" ex vi continentiae
" ex vi demonstrationis.

20,12 *Iacobutio Smaltzhaff* (Schmalztopf): vermutlich nur ein lustiger Name; hier abwertend, weil regional-mundartlich und nicht latinisiert. Zum Typus der satirischen Namensbildung vgl. den Magister Philipp Schlauraff in den *Epistulae obscurorum virorum* II,9 (Ausg. Böcking); vgl. auch Einführung, Abschn. VII.

20,15 *Ioannis Iussae:* In Bebels Schrift *De institutione puerorum* Straßburg 1513, fol. iiia^{v}) findet sich die Warnung: »modos significandi Ioannis Iusse Michaelis de Morbosia tamquam venenum declina!« – Es handelt sich dabei um einen Kommentar des Michael von Marbais zu dem Tractat *De modis significandi* (1322) des Johannes Josse von Marvilla. Johannes Josse war einer der »modistae«, der spekulativen Grammatiker, die logische und metaphysische Erkenntnisse in die Grammatik einführten, um die Beziehung zwischen Wort und Gedanken zu rechtfertigen, die »significatio«. – Alexander Hegius, Lehrer in Deventer, schrieb um 1486 eine *Invectiva in modos significandi*; darin verurteilt er die Modisten und weist auf die klassischen Schriftsteller als Quelle der Sprachkunde hin. Bebel meint zu den »modistae« (*De abusione linguae latinae*, fol. XXXIII^{v}): »Sunt enim eorum inventa merae nugae, labyrinthique inextricabiles, falsi et erronei.«

20,23 *accidentia:* durch grammatische Analyse ermittelte Bestimmungsmerkmale eines Wortes, z. B. Genus, Kasus, Numerus beim Substantiv.

22,16 *meopte:* verstärkende Suffixbildung (-pte), häufig in der römischen Komödie; vgl. z. B. Plautus, *Captivi* 371: »tuopte ingenio«.

24,1 *Servius* (um 400 n. Chr.): lateinischer Grammatiker; wichtigste Werke: Kommentare zu Vergil und Donatus.
Caper: Flavius Caper (2. Jh. n. Chr.), lateinischer Grammatiker; wichtigste Werke: *De latinitate, De dubiis generibus.* Servius benutzte Caper unmittelbar als Quelle.

24,2 *Diomedes* (2. Hälfte des 4. Jh.s n. Chr.): lateinischer Grammatiker; Verfasser einer *Ars grammatica.*

24,2 f. *Priscianus* (1. Hälfte des 6. Jh.s n. Chr.): bedeutendster unter den erhaltenen lateinischen Grammatikern; Verfasser der *Institutiones grammaticae*, die schon im 10. Jh. in den *Priscianus maior* und den *Priscianus minor* eingeteilt wurden. Priscianus und Donatus waren die beiden im Mittelalter am meisten benutzten klassisch-lateinischen Grammatiker.

24,3 *Nicolaus Perottus* (gest. 1480): Studium der Klassiker, 1456

Sekretär des Papstes Calixtus III., dann Comes S. Palatii Lateranensis; Pius II. ernannte ihn zum Erzbischof, Kaiser Friedrich III. krönte ihn zum Poeten und ernannte ihn zu seinem Rat. Werke: *Linguae latinae commentaria, De puerorum educatione, Rudimenta grammatices latinae*, Übersetzungen u. a.

24,3 f. *Sulpicius Verulanus* (15. Jh.): betrieb in Rom humanistische Studien; wichtigstes Werk: *Grammatica cum suo vocabulario in fine annexo* (Rom 1490, Leipzig 1503).

24,4 *Pomponius Laetus* (um 1427–97): studierte u. a. bei Laurentius Valla, lebte in Rom und arbeitete an sprachlichen und geschichtlichen Studien, z. B.: *Compendium historiae Romanae ab interitu Gordiani usque ad Justinum III., De Romanae urbis antiquitatibus, De arte grammatica*, Kommentar zu Quintilian. Er besorgte Ausgaben von Sallust, Varro, Plinius, Quintilian, außerdem kommentierte er Vergil. Er war der entscheidende Initiator für die Wiederbelebung des antiken Theaters auf der Renaissancebühne in Rom.

24,4 f. *Antonius Mancinellus* (1452 – nach 1503): Grammatiker; Schüler von Pomponius Laetus, lebte anfangs in Rom, dann in Venedig, veröffentlichte dort neben Untersuchungen zu den lateinischen Klassikern einen Kommentar zu Cicero, der in Basel 1501 und 1508 als *Opera grammatica* erschien.

24,9 *Facetus, Floretus, Alanus, Cornutus:* Bebel benutzt hier mehrdeutige Namen, vermutlich um die Gegenseite lächerlich zu machen.

24,17 *teste Augustino nostro et Quintiliano:* vgl. Augustinus, *Confessiones* 1,13 f.; Quintilian, *Institutio oratoria* 1,8,5.

26,15 f. *artes liberales:* Fächer des ›Vorstudiums‹, in der Regel unterteilt in »Trivium« (Grammatik, Dialektik, Rhetorik) und »Quadrivium« (Arithmetik, Geometrie, Musik, Astronomie). Erst nach dem Besuch der ›Artistenfakultät‹ wurde ein Student zu den drei klassischen Fakultäten (Theologie, Jurisprudenz, Medizin) zugelassen.

26,26 *teste Seneca:* Seneca, *Epistulae morales* 7,7: »malignus comes quamvis candido et simplici rubiginem suam affricuit«; *Epistulae morales* 7,2: »nemo non aliquid nobis vitium aut commendat aut imprimit aut nescientibus adlinit«; *Epistulae morales* 7,6: »adeo nemo nostrum, qui cum maxime concinnamus ingenium, ferre impetum vitiorum tam magno comitatu venientium potest«; *Epistulae morales* 7,7: »convictor delicatus paulatim enervat et mol-

lit«; *Epistulae morales* 6,6: »Zenonem Cleanthes non expressisset, si tantummodo audisset: vitae eius interfuit, secreta perspexit, observavit illum, an ex formula sua viveret; Platon et Aristoteles et omnis in diversum itura sapientium turba plus ex moribus quam ex verbis Socratis traxit; Metrodorum et Hermarchum et Polyaenum magnos viros non schola Epicuri sed contubernium fecit.«

28,11 *Metrodorum:* Metrodor von Lampsakos (331/330–278) gehörte mit Hermarch und Polyän zu den engen Freunden Epikurs; er wetteiferte in seiner Lebensführung mit dem Meister; vgl. Seneca, *Epistulae morales* 52,3.
Hermarchum: Hermarch aus Mytilene; er lernte Epikur vermutlich 311/310 kennen; in seinem Testament überließ Epikur dem Hermarch die Nutzung von Haus, Garten und Bibliothek; vgl. Seneca, *Epistulae morales* 52,4.

28,11 f. *Polyaenum:* Polyän von Lampsakos, Freund und Schüler des Epikur.

28,19 *Cacobius:* der schlecht, ärmlich Lebende (griech. κακός ›schlecht‹; griech. βίος ›Leben‹).
Hipponomus: Pferdehirt (griech. ἵππος ›Pferd‹; griech. νέμω ›ich weide‹).

30,4 *recubantem:* erinnert an bukolische Situationen der Antike wie Vergil, *Eclogae* 1,1: »Tityre tu patulae recubans sub tegmine fagi«; zum ländlichen Rahmen von Bebels Komödie vgl. Einführung, Abschn. V.

30,5 *siet:* andere, möglicherweise entwicklungsgeschichtlich ältere Form für ›sit‹; vgl. Plautus, *Amphitruo* 58; Terenz, *Andria* 234 u. a.

30,26 f. *manibus pedibusque:* deutlich volkstümliche Formulierung, auch in der älteren Komödie; vgl. z. B. Terenz, *Andria* 134.

32,7 f. *praefectus … rusticanis:* wahrscheinlich eine Anspielung auf Bebels Vater; vgl. dazu *Apologia Henrici Bebelii contra Zoilum de stirpe sua* in: *Opuscula nova*, Straßburg 1512, fol. Oij^{v}: »Est tamen genitor turbae praelatus agresti / Civibus atque suis consilio, eloquio.« Vgl. auch die Definition in *De abusione linguae latinae*, fol. LXXXVI^{r}: »Praefectus urbis vel pagi latine dicitur qui a barbaris Scultetus dicitur vel advocatus.«

32,21 *Ipsus:* alte Form für ›ipse‹, z. B. bei Cato, Plautus, Terenz.

32,29 *Vides alibi:* möglicherweise eine Anspielung auf ein Detail der ›Inszenierung‹.

32,30 *philosophico habitu:* unklar, ob damit eine bestimmte Tracht oder eine typische »Gelehrtenhaltung« gemeint ist.

36,16 *pira et poma:* Zum ländlichen Rahmen der Komödie vgl. Einführung, Abschn. V.

38,8 *O lepidissimum capitulum!:* vgl. Terenz, *Eunuchus* 531: »o capitulum lepidissimum«.

40,26 *Tertia autem hora:* Das ›prandium‹ war in der Antike das gegen zwölf Uhr eingenommene zweite Frühstück (kalte Mahlzeit); *tertia hora post prandium* ist also etwa um 15 Uhr.

42,4 f. *primum atque ante omnia:* vgl. Plinius, *Panegyricus* 1,1: »Ita dicendi initium a precationibus capere, quod nihil rite, nihil providenter homines sine deorum immortalium ope consilio honore auspicarentur.« Ebenso vgl. Vergil, *Georgica* 1,338: »in primis venerare deos«.

42,5 f. *quidam ex ethnicis:* Zum Begriff ›ethnicus‹ vgl. Otto Herding (Hrsg.), *Jakob Wimpfelings »Adolescentia«*, München 1965, S. 72, bes. Anm. 125.

42,19 *ut dicit Ambrosius:* vgl. Ambrosius, *De officiis ministrorum* 1,18 (67): »Speculum enim mentis plerumque in verbis refulget.« Vgl. zur ganzen Rede des Magisters Ambrosius, *De officiis ministrorum* 1,17 ff. (65 ff.; v. a. 65, 71, 84).

44,12 *Lentulus sophista:* der geistig Träge (lat. lentus ›langsam‹), hier als Gegensatz zu Vigilantius. – Lentulus tritt als typischer Vertreter der Scholastik auf: *sophista* steht hier für Scholastiker (s. Anm. zu 12,5). – Lentulus ist eine typisierte Figur auch in dem berühmten Schülerdialog *Latinum idioma* (um 1498/1500) von Laurentius Corvinus, Bebels Krakauer Lehrer. Lentulus, ein träger und uninteressierter Schüler, kommt ständig zu spät zur Schule und wird vom Lehrer zurechtgewiesen.
Aulicus regis: wird später (S. 50,12) als *scriba* präzisiert, d. h. als Hofkanzlist.
poeta: bezeichnet hier den Humanisten; vgl. Einführung, Abschn. III. Vgl. *Epistulae obscurorum virorum* I,277 (Ausg. Böking) die Gleichsetzung: »omnes poetas et humanistas«.

44,17 *Stetisti:* Barbarismus, der von Vigilantius parodiert wird: *steti – sedi.*

44,21 f. *tibi bene vadit:* Germanismus, statt lat. bene vales oder bene est de te. Derartige Barbarismen sind typisch für die Ausdrucksweise des Lentulus und generell für die Darstellung des Küchen- bzw. Kirchenlateins sowohl in den humanistischen

Schülerdialogen als auch in den *Epistulae obscurorum virorum*; extrem ausgeprägt in Kerckmeisters *Codrus*.

46,1 *contentor:* mlat. contentari ›sich begnügen‹.

46,2 *artista:* bezeichnet ein Mitglied der Artistenfakultät; vgl. Anm. zu 26,15 f.

46,7 *O tardum ingenium!:* Nähe von lat. tardus ›langsam, träge‹ zum Namen Lentulus.

46,18 *Abi in malam crucem:* Verwünschungsformel der alten Komödie; vgl. Plautus, *Asinaria* 940; *Bacchides* 902; *Casina* 641. 978; Petronius, *Satirae* 126,9: »in crucem mittam«.

46,18 f. *latinisare:* vgl. Caelius Aurelianus, *De morbis acutis* 2,18; 2,10,55; bedeutet eigtl. ›ins Lateinische übersetzen, lateinisch ausdrücken‹.

46,22 *dissertare:* meint eine wissenschaftliche Erörterung, wie sie unter Gelehrten üblich war. Die scholastische Disputation verlief meist nach dem Aufbau:
Argument (videtur, quod non),
Gegenargument (sed contra),
Lösung (solutio, corpus, respondeo dicendum),
Kritik der für die abgelehnte Ansicht aufgeführten Argumente (ad primum etc.).
Vgl. Martin Grabmann, *Geschichte der scholastischen Methode*, 2 Bde., Freiburg i. Br., 1909/11, bes. Bd. 2, S. 220 f.; Bd. 2 passim: Hauptvertreter der Scholastik und ihre Lehrmethoden; vgl. auch Emil Reicke, *Magister und Scholaren. Illustrierte Geschichte des Unterrichtswesens*, Leipzig 1901, S. 36.

46,23 *Ego volo:* germanisierende (?) Verstärkung; prosopopoietische Funktion zur Charakterisierung der Person; abweichend von der klassischen Norm, wie in satirischer Absicht in den *Epistulae obscurorum virorum*.

48,1 *si maiorem:* Zu ergänzen wäre wohl »propositionem« oder »maximam«: Obersatz eines Syllogismus (vgl. Anm. zu 12,5).

48,3 *Seneca:* Seneca, *Epistulae morales* 48,5: »pudet me, in re tam seria senes ludimus«; ebd. 48,7: »o pueriles ineptias, in hoc supercilia subduximus, in hoc barbam dimisimus, hoc est, quod tristes docemus et pallidi.« An dieser Stelle findet sich bei Seneca ein ähnlich unsinniger Syllogismus. Ebd. 49,6: »prospicienda tantum et a limine salutanda«.

48,5 *supercilia subduximus:* Hochziehen der Augenbrauen signalisiert angestrengtes Nachdenken.

barbam dimisimus: Ein Bart galt als Kennzeichen der Philosophen.

48,20 f. *scis simulare:* vgl. Horaz, *Ars poetica* 19 f.: »Et fortasse cupressum / scis simulare«; dazu Porphyrio, *Commentum Horatii:* »hoc proverbium est in malum pictorem, qui nesciebat aliud bene pingere quam cupressum.«

48,24 *nisi rustice:* vgl. Horaz, *Epistulae* 1,18,6: »asperitas agrestis et inconcinna gravisque«.

48,25 *tam diu:* vgl. Seneca, *Epistulae morales* 88,1: »tam diu immorandum est, quamdiu nihil animus agere maius potest: rudimenta sunt nostra, non opera.«

50,4 *metam:* lat. meta ›Zielmarke‹ (beim sportlichen Wettkampf).

50,12 *scribam:* lat. scriba meint nicht einen bloßen Schreiber, sondern einen königlichen Kanzlisten in angesehener Position, wie sie von vielen Humanisten angestrebt wurde (beispielhaft dafür Enea Silvio Piccolomini, der spätere Papst Pius II.).

50,18 *Beneveneat:* nach Druck A, was einen komischen Sinn ergibt (»Er soll um einen guten Preis verkauft werden«) und die Torheit des Lentulus demonstriert; nach Druck B »Beneveniat« (»Er sei willkommen«), wie es korrekt lauten müßte.

50,22 f. *animi tranquillitate:* möglicherweise lockere Anspielung auf Senecas *De tranquillitate animi.*

52,2 *pluribus intentus:* vgl. Jakob Werner, *Lateinische Sprichwörter*, Heidelberg ^{2}1966, S. 91, Nr. 58 (269^{v}). – Sinnspruch aus einer Basler Handschrift aus dem ersten Viertel des 15. Jh.s.

54,20 *odio:* falsche Form für ›odi‹.

54,21 *quia lascivi sunt:* Dieser Vorwurf wurde schon in der Antike gegenüber den Elegikern geäußert; vgl. Quintilian, *Institutio oratoria* 10,1,88: »lascivus quidem in herois quoque Ovidius (et nimium amator ingenii sui)«; und 10,1,93: »Ovidius utroque [sc. Tibullus, Propertius] lascivior«. Vgl. *Ad spectatores*, wo der gleiche Vorwurf abgewehrt wird.

54,22 *Si poetae:* Argumentation Bebels mit Kirchenvätern, allerdings einseitig. Die Kirchenväter lassen die antiken Autoren stets nur teilweise gelten. Sie warnen vor einer Überbewertung und vor einer Überordnung über die christliche Lehre. Vgl. Augustinus, *De doctrina christiana* 2,18 f.; Hieronymus, *Epistulae* 21,3; 70,2; Basilius, *Pros tous neous* (dt.: *Mahnwort* [Predigt] *an die Jugend über den nützlichen Gebrauch der heidnischen Literatur*).

54,28 f. *rusticis et bubulcis:* als Beispiel für den beißenden Spott

der Humanisten über Priester und Magister als »Bauerntölpel und Ochsentreiber«; Bebels Kleruskritik in dieser Richtung ist breit entfaltet in seinen *Facetiae* und in seinem *Triumphus Veneris*.

56,5 *libros bibliorum:* Die Schreibung der Eigennamen in der Übersetzung erfolgt nach den Loccumer Richtlinien (Ökumenisches Verzeichnis der biblischen Eigennamen nach den Loccumer Richtlinien. Stuttgart ^{2}1981). Bebel spielt auf die folgenden Bibelstellen an: Jakob und Rahel: Gen 29; Dina und Sichem: Gen 34; Juda und Tamar: Gen 38; Moabiterinnen: Num 25 (Num = 4. Buch Mose); Simson und Delila: Ri 16, 4 ff.; Ester und Artaxerxes: Est 2,12 ff.; David und Batseba: 2Sam 11; David und Schunemiterin: 1Kön 1; Amnon und Tamar: 2Sam 13; Salomo: 1Kön 11,1 ff. (beachte die frühere Einteilung der biblischen Bücher: 1Sam = 1Kön; 2Sam = 2Kön; 1Kön = 3Kön; 2Kön = 4Kön). Die gleiche Argumentation mit den Büchern der Bibel (dargestellte Verbrechen, Greuel usw.) für die studia humanitatis schon in Peter Luders Heidelberger Antrittsrede von 1456 (Textabdruck Wattenbach, S. 106).

56,16 *amorem amore:* vgl. Cicero, *Tusculanae disputationes* 4,75: »etiam novo quidam amore veterem amorem tamquam clavo clavum eiciendum putant.«

56,26 f. *mystice intelligamus:* Bebel verweist hier auf die mittelalterliche Bibelexegese, die der Hl. Schrift einen zweifachen bzw. vierfachen Sinn unterlegte: Den »sensus historicus sive litteralis« (wonach z. B. Jerusalem eine Stadt in Judäa ist) und den »sensus mysticus sive spiritualis« (wonach z. B. Jerusalem das himmlische Reich bedeutet). Der »sensus mysticus«, der nicht-wörtliche, uneigentliche Sinn, wird untergliedert in »sensus moralis sive tropologicus« (die Lebensführung betreffend), »sensus allegoricus sive typicus« (heilsgeschichtlich), »sensus anagogicus sive eschatologicus« (auf das Jenseits bezogen).

56,28 *Virgo:* vgl. Heinrich Bebel, *De laude et utilitate poetices ... Elegia*, in: *Oratio ad regem Maximilianum*, Pforzheim 1504, fol. q iij^r.

58,2 *ut Strabo dicit:* Strabo (63 v. Chr. – 19 n. Chr.), griechischer Geograph; schrieb eine siebzehn Bücher umfassende *Geographie*; darin finden sich Äußerungen zur Dichtung: Vgl. Strabo, *Geographie* 1,2,3 (Ausg. Jones, S. 55): Die Dichtung sei eine »Art elementarer Philosophie«, eine Einführung in die Lebenskunst,

eine Belehrung über Charakter, Leidenschaften und Handlungsweisen; nur ein Weiser könne ein Poet sein.

58,15 *poetae lascivi:* vgl. *Ad spectatores*, bes. Anm. zu 14,9.

58,26 f. *philosophiae penetralibus:* vgl. Macrobius, *Saturnalia* 7,1,5.

60,1 *elegiographos:* von griech. ἐλεγεῖον ›Gedicht in Distichen‹ und griech. γράφω ›ich schreibe‹; gemeint sind die Elegiker Catull, Tibull, Properz und Ovid.

60,13 f. *Igne quid utilius?:* vgl. Ovid, *Tristia* 2,267–272:

»Igne quid utilius, si quis tamen urere tecta
comparat, audaces instruit igne manus.
Eripit interdum modo dat medicina salutem
quaeque iuvat, monstrat, quaeque sit herba nocens.
Et latro et cautus praecingitur ense viator;
ille des insidias, hic sibi portat opem.«

62,2 *poetae libenter mentirentur:* vgl. Hesiod, *Theogonie* 27 f.: Die Musen lehren den Hirten Hesiod (in der europäischen Überlieferung der erste Dichter, der sich mit Namen nennt und »ich« sagt) den Gesang und fügen hinzu, daß sie viele Lügen zu sagen wissen, die dem Wahren ähnlich sind, daß sie aber – wenn sie wollen – auch Wahrheit verkünden können; Xenophanes, Fragment 1,22 (Ausg. Diels-Kranz: die Mythen als »Erfindungen der Vorzeit«). Vgl. Aristoteles, *Metaphysik* 1,2 (983a); Kallimachos, *Hymnen* 1,60; Ovid, *Amores* 3,12,19; *Fasti* 6,253: »mendacia vatum«.

62,4 *teste Lactantio:* vgl. Laktanz, *Divinae institutiones* 1,11,24.

62,6 *officium poetae:* Analogie zu den bereits anerkannten »officia oratoris«; historische Erläuterung dieses Theorems: Aristoteles, *Poetik*. Mimesis-Begriff: Der Dichter reproduziert vorhandene Wirklichkeit (Hintergrund: platonische Ideenlehre) und setzt sie in poetische Handlungen um. Horaz, *Ars poetica* 317 f.: Horaz fügt dem noch eine weitere Mimesis hinzu: Der kundige »imitator« soll sich an Lebenswirklichkeit und maßgebliche Sitte halten und dem Werk dadurch lebendige Züge verleihen. Vgl. auch V. 119 und 134: Der Dichter soll der Überlieferung folgen oder eigene Stoffe erfinden. Horaz zielt hier auf Nachahmung literarischer Muster (s. S. 48). Vgl. Manfred Fuhrmann, *Einführung in die antike Dichtungstheorie*, Darmstadt 1973, S. 71 ff. und S. 99 ff.

62,11 *Et iuxta Strabonem:* vgl. Strabo, *Geographie* 1,2,9 (zit. *Odyssee* 6,232).

62,16 *studia poetica:* vgl. Cicero, *Pro Archia* 16. Das gleiche ausführliche Zitat aus Cicero bringt bereits Peter Luder in seiner Heidelberger Antrittsrede von 1456 (Textabdruck Wattenbach, S. 108).

62,23 *divini sunt poetae:* vgl. Hesiod, *Theogonie* prooemium; Ennius, *Annales* 19: »divinum pectus«; *Incerta* 19 (ed. Vahlen): »sancti poetae«; Cicero, *De optimo genere oratorum* 17: »divinus auctor Plato«; Cicero, *Pro Archia* 18: »noster ille Ennius sanctos appellat poetas«.

64,11 *Chrysippus:* Chrysipp von Soloi (um 281/277–208/204), griechischer Philosoph; wird Nachfolger des Kleanthes von Assos (Schulhaupt der Stoiker), dialektisch geschult bei Arkesilaos von Pitane (Akademie).
Leucippus: Leukipp von Milet (Mitte des 5. Jh.s), griechischer Philosoph; Vorsokratiker, Begründer des Atomismus, Lehrer des Demokrit. – Chrysippus (χρύσεος ›golden‹, ἵππος ›Pferd‹ = ›Goldpferd‹) und Leucippus (λευκός ›weiß‹, ἵππος ›Pferd‹ = ›Weißpferd‹) werden hier möglicherweise auch als sprechende Namen verwendet, um die Rivalitäten der Scholastiker untereinander zu verdeutlichen.

64,13 *Scoti:* Johannes Duns Scotus (1265–1308), französischer Scholastiker; lehrte in Paris, Oxford, Köln; v. a. bekannt wegen seiner Auseinandersetzung mit den Thomisten; er lehrte den Vorrang des Willens vor der Vernunft; erstrebte eine Synthese von Augustinismus und Aristotelismus, den später so genannten Scotismus; wegen seines Scharfsinns wurde er »doctor subtilis« genannt.

64,22 *Guilielmus Ockam:* Wilhelm von Ockham (1285–1349), Franziskaner, scholastischer Theologe, Philosoph und kirchenpolitischer Schriftsteller; Begründer des spätmittelalterlichen Nominalismus; 1324 der Irrlehre angeklagt und nach Avignon vorgeladen, 1328 Flucht zu Ludwig dem Bayern, den er gegen Papst Johannes XXII. mit Streitschriften unterstützte; forderte eine scharfe Trennung von Staat und Kirche.

66,8 f. *foenum habet in cornu:* vgl. Horaz, *Satirae* 1,4,34: Einem angriffslustigen Ochsen band man Heu auf die Hörner.

66,23 *Nemo enim:* vgl. Varro, *De re rustica* 2,1,2.

66,25 *Sed incredibilis:* vgl. Laktanz, *Divinae institutiones* 5,1,7.

66,32 *teste Quintiliano:* vgl. Quintilian, *Institutio oratoria* 10,1,24.

68,5 *non enim:* vgl. Seneca, *Epistulae morales* 45,4.

70,16 *Valete et plaudite:* in dieser oder der umgekehrten Reihenfolge stereotype Schlußformel bereits der römischen Komödie; vgl. auch Wimphelings *Stylpho*, Conclusio vatis (Ausg. Schnur, S. 36); im übrigen vgl. Einführung, Abschn. III.

70,17 *recensui:* Anspielung auf eine Formel der Terenz-Überlieferung. Der spätantike Grammatiker Calliopius hatte dem Text als Redaktionsnotiz zusammen mit seinem Namen »recensui« hinzugefügt. Die in einer Gruppe von Handschriften überlieferte Formel wurde dann irrtümlich als »recitavi« interpretiert, woran sich ein philologischer Streit knüpfte. Vgl. das »Ego ipse recensui« in der Überlieferung des *Stylpho* von Wimpheling am Schluß der Conclusio vatis (Ausg. Schnur, S. 36).

Literaturhinweise

Textausgaben

Eine Ausgabe der *Comoedia* existiert bisher nicht.

Heinrich Bebel: Facetien. Drei Bücher. Hrsg. von Gustav Bebermeyer. Leipzig 1931. (Bibliothek des Literarischen Vereins. Nr. 276.) Nachdr. Hildesheim 1967. [Mit Einleitung und knappem Kommentar.]

Heinrich Bebels Facetien und Graf Froben von Zimmern. Hrsg. von Karl Amrain. Leipzig 1907. Repr. Wurmlingen 1981. [Mit Einleitung und knappem Kommentar.]

Heinrich Bebel: Schwänke. Übers. von Albrecht Wesselski. 2 Bde. München/Leipzig 1907. [Mit Einleitung und ausführlichem Kommentar.]

Heinrich Bebel: Proverbia Germanica. Hrsg. von Willem H. D. Suringar. Leiden 1879. Nachdr. Hildesheim 1969. [Mit Einleitung und ausführlichem Kommentar, bes. Quellennachweisen.]

Jakob Wimpheling: Stylpho. Lateinisch/Deutsch. Übers. und hrsg. von Harry C. Schnur. Stuttgart 1971. (Reclams Universal-Bibliothek. Nr. 7952.)

Johannes Kerckmeister: Codrus. Hrsg. von Lothar Mundt. Berlin 1969. (Ausgaben der deutschen Literatur des XV. bis XVIII. Jahrhunderts. Reihe Drama III.)

Johannes Reuchlin: Henno. Lateinisch/Deutsch. Übers. und hrsg. von Harry C. Schnur. Stuttgart 1970. (Reclams Universal-Bibliothek. Nr. 7923.)

Zu Leben und Werk Heinrich Bebels

Barner, Wilfried: Humanistische Bildungswerbung, schwäbisch. Zu Heinrich Bebels *Comoedia* vom Jahre 1501. In: From Wolfram and Petrarch to Goethe and Grass. Studies in Literature in Honour of Leonard Forster. Baden-Baden 1982. S. 193 ff.

Bebermeyer, Gustav: Tübinger Dichterhumanisten. Bebel/Frischlin/Flayder. Tübingen 1927. S. 7 ff. mit S. 103 ff. Nachdr. Hildesheim 1967.

Binder, Helmut: Heinrich Bebel. Humanist und Dichter. Professor der Beredsamkeit und Poesie an der Universität Tübingen. In: Lebensbilder aus Schwaben und Franken. Bd. 13. Hrsg. von Robert Uhland. Stuttgart 1977. S. 25 ff.

Haller, Johannes: Die Anfänge der Universität Tübingen 1477–1537. Bd. 1. Stuttgart 1927. S. 212 ff.; Bd. 2. Stuttgart 1929. S. *76 ff. Nachdr. Aalen 1970.

Hess, Günter: Deutsch-lateinische Narrenzunft. Studien zum Verhältnis von Volkssprache und Latinität in der satirischen Literatur des 16. Jahrhunderts. München 1971. S. 259 ff. [Insbes. zu den *Facetiae* und zum *Triumphus Veneris*.]

Jens, Walter: Eine deutsche Universität. 500 Jahre Tübinger Gelehrtenrepublik. München 1977. S. 39 ff.

Oberman, Heiko A.: Werden und Wertung der Reformation. Tübingen 1977. S. 17 ff. [Zum ›Tübinger Humanismus‹.]

Vollert, Konrad: Zur Geschichte der lateinischen Facetiensammlungen des XV. und XVI. Jahrhunderts. Berlin 1912. (Palaestra. Nr. 113.) S. 61 ff.

Zapf, Georg Wilhelm: Heinrich Bebel nach seinem Leben und Schriften. Augsburg 1802. Nachdr. Leipzig 1973.

Zum Humanistendrama

Abbé, Derek van: Drama in Renaissance Germany and Switzerland. Melbourne 1961.

Bahlmann, Paul: Die lateinischen Dramen von Wimphelings »Stylpho« bis zur Mitte des 16. Jahrhunderts. 1480–1550. Münster 1893.

Bömer, Aloys: Die lateinischen Schülergespräche der Humanisten. Leipzig 1897.

Burger, Heinz Otto: Renaissance. Humanismus. Reformation. Deutsche Literatur im europäischen Kontext. Bad Homburg v. d. H. / Berlin / Zürich 1969.

Creizenach, Wilhelm: Geschichte des neueren Dramas. Bd. 2. Halle ²1918.

Kindermann, Heinz: Theatergeschichte Europas. Bd. 2. Salzburg 1959. S. 239 ff.

Maassen, Johannes: Drama und Theater der Humanistenschulen in Deutschland. Augsburg 1929.

Michael, Wolfgang F.: Frühformen der deutschen Bühne. Berlin 1963.
Roloff, Hans-Gert: Neulateinisches Drama. In: Reallexikon der deutschen Literaturgeschichte. Bd. 2. Berlin ²1965. S. 645 ff.
Rupprich, Hans: Die deutsche Literatur vom späten Mittelalter bis zum Barock. T. 1. München 1970. S. 634 ff.
Streckenbach, Gerhard: Stiltheorie und Rhetorik der Römer im Spiegel der humanistischen Schülergespräche. (Diss. Berlin 1931.) Göttingen 1979.

Abbildungsnachweis

Einführung*

I

Zu Pfingsten des Jahres 1501, als König Maximilian in Innsbruck Hof hielt und schwierige Verhandlungen in Reichsangelegenheiten führte,[1] präsentierte sich ihm ein noch junger *poeta* schwäbisch-bäuerlicher Herkunft mit einer Rede *De laudibus atque amplitudine Germaniae.*[2] In wohlgesetzten, weitausladenden ciceronianischen Perioden mit poetischen Glanzlichtern beschwor er das ehrwürdige, nicht zuletzt durch den Römer Tacitus bestätigte ethnisch-kulturelle Erbe der Germanen, ihre Autochthonie, die Ausdehnung und Vielfalt ihres Landes und ihre angeborene Wehrhaftigkeit. Im Traum sei ihm ein altes, heruntergekommenes Weib von übermenschlicher Größe erschienen, in dem er schließlich die Mutter Germania erkannt habe. Sie habe ihn zu Maximilian geschickt (»I celer Bebeli ad regem meum et filium clarissimum Maximilianum«),[3] um dem König von ihrem jammervollen Zustand zu berichten und ihn, das strahlende Haupt des Reiches, zu neuen Taten »ad commodum et gloriam Germaniae« anzuspornen.[4] Bebel entledigte sich des reichspropagandistischen ›Auftrags‹ mit Verve und Gelehrsamkeit, nicht ohne die Schwaben als den einst weitaus größten und kriegerischsten Stamm unter den

* Die lateinischen Titel und sonstigen Zitate sind im folgenden nach den gleichen Grundsätzen normalisiert wie der Text der *Comoedia* (s. Zum Text). In Einzelfällen sind besonders lange oder komplizierte Titel aus Raumgründen auch gekürzt.

1 Für die Einzelheiten vgl. Anm. zu 6,23.

2 *Oratio ad regem Maximilianum de laudibus atque amplitudine Germaniae*, so der Titel des Erstdrucks Pforzheim: Anshelm 1504. Die Rede eröffnet einen Bebel-Sammelband, der an 6. Stelle auch den Erstdruck der *Comoedia* enthält (Näheres in: Zum Text).

3 *Oratio*, fol. a iij^v.

4 *Oratio*, fol. a iiij^r.

Germanen hervorzuheben,[5] Stiche nach Frankreich hin auszuteilen, und mit der Aufforderung an Maximilian, den Christenglauben gegen seine Gefährdung durch die Türken zu schützen. Im Innern aber seien die Fürsten zerstritten, und Maximilian sei der einzige, der sie im Sinne des Reiches zu einen vermöge, er, dessen vielbesungene »humanitas atque benivolentia«[6] vorzugsweise auch den *poetae* und ihren *studia* gelte.

Der König, seit Jahren schon in quasi-kaiserlicher Funktion tätig und innerhalb der Bebelschen Rede mehrfach auch als *Caesar* und *Imperator* tituliert, belohnte den so ergebenen und hoffnungsvollen jungen Humanisten, indem er ihn zum *poeta laureatus* erhob und ihm dabei auch *insignia* verlieh.[7] Es war die gleiche Auszeichnung, die knapp anderthalb Jahrzehnte zuvor (1487) als erster deutscher Dichter Conrad Celtis auf der Nürnberger Burg durch Kaiser Friedrich III., den Vater Maximilians, empfangen hatte. Von nun an, und gleich in dem Dankgedicht an Maximilian (beginnend »Donasti lauro rex augustissime vatem [...]«),[8] nannte sich der stolze Poet aus Justingen auf der Schwäbischen Alb und Vertreter der *studia humanitatis* an der jungen Universität Tübingen gerne »Henricus Bebelius Iustingensis poeta laureatus«, bisweilen mit Zusätzen wie »et humanarum literarum doctor Tubingae«.[9]

Heinrich Bebel, gerade 29jährig, befand sich auf dem Gipfelpunkt seiner Karriere.[10] Er hatte die höchste Auszeich-

5 *Oratio*, fol. b iiij^v: »Suevorum esse gentem longe maximam et bellicosam olim Germanorum.«

6 *Oratio*, fol. c v^v.

7 Die *insignia* hat Bebel später gern auch einzelnen Drucken beigeben lassen (vgl. Abb. S. 3 und den zugehörigen Nachweis).

8 Die *Gratiarum actio* in elegischen Distichen ist dem Druck der *Oratio* unmittelbar angeschlossen.

9 Vgl. Abb. S. 3.

10 Eine detaillierte, alle wesentlichen Quellen ausschöpfende Darstellung dieser ›Karriere‹ existiert bis heute nicht. Einen Überblick zur ersten Orientierung gibt Helmut Binder, »Heinrich Bebel. Humanist und Dichter. Professor der Beredsamkeit und Poesie an der Universität Tübingen«, in:

nung erreicht, die sich ein ehrgeiziger Humanist in Deutschland erhoffen konnte – und eine Vorgabe für die ›berufliche‹ Sicherung dazu. Freilich, der Dichterlorbeer aus kaiserlicher Hand besaß längst nicht mehr jenes Glanzvoll-Außerordentliche einer Anerkennung für bedeutende Leistungen wie noch bei Petrarca (1341), Enea Silvio Piccolomini (1442) oder dann bei Celtis.[11] Seit dem ›Erzhumanisten‹ war die Reihe der Gekrönten schon beträchtlich angewachsen, unter ihnen Johannes Cuspinianus (1493), Jacob Locher (1497), Joseph Grünpeck (1498) und als unmittelbarer Vorgänger Bebels Vinzenz Lang (1. März 1501). Mehr und mehr war aus der Ehrung eine Art Förderpreis – freilich ohne direkte Geldzahlung – für junge, vielversprechende Poeten geworden. Und das Versprechende daran galt nicht zuletzt auch dem Ehrenden selbst: Bebel sollte – und seine *Oratio* bot bereits ein geschickt inszeniertes Exempel[12] – seine Dank-

Lebensbilder aus Schwaben und Franken, Bd. 13, hrsg. von Robert Uhland, Stuttgart 1977, S. 25 ff. Unter den älteren Skizzen, die wenigstens z. T. auf originaler Quellenkenntnis beruhen, seien hier zusätzlich genannt: Albrecht Wesselski in seiner Ausgabe *Heinrich Bebels Schwänke*, 2 Bde., München/Leipzig 1907, Bd. 1, S. II ff.; Gustav Bebermeyer, *Tübinger Dichterhumanisten. Bebel/Frischlin/Flayder*, Tübingen 1927, S. 7 ff. mit S. 103 ff.; ders., Einleitung in seine Ausgabe der *Facetien*, Leipzig 1931, S. XVII ff.; Johannes Haller, *Die Anfänge der Universität Tübingen 1477–1537*, Bd. 1, Stuttgart 1927, S. 212 ff., und Bd. 2, Stuttgart 1929, S. *76 ff. Für Einzelheiten außerdem immer noch brauchbar: Georg Wilhelm Zapf, *Heinrich Bebel nach seinem Leben und Schriften*, Augsburg 1802 [!]. Weitere, vor allem ältere Literatur nennt die *Bibliographie zur Geschichte der Universität Tübingen*, bearb. von Friedrich Seck, Gisela Krause und Ernestine Stöhr, Tübingen 1980, S. 307 f. Die meisten einschlägigen Artikel in Lexika, Enzyklopädien usw., von der *Allgemeinen Deutschen Biographie* (W. Geiger) bis in die Gegenwart, sind sehr lücken- und fehlerhaft.

11 Karl Schottenloher, »Kaiserliche Dichterkrönungen im Heiligen römischen Reiche deutscher Nation«, in: *Papsttum und Kaisertum*. Festschr. für Paul Kehr, München 1926, S. 648 ff. Vgl. auch Theodor Verweyen, »Dichterkrönung«, in: *Literatur und Gesellschaft im deutschen Barock*, hrsg. von Conrad Wiedemann, Germanisch-Romanische Monatsschrift, Beih. 1, Heidelberg 1977, S. 7 ff.

12 Bezeichnenderweise enthält der erweiterte Binnentitel der Rede den Zusatz »[Oratio ad ...] regem Maximilianum de eius [!] atque Germaniae laudibus«.

barkeit und Anhänglichkeit fürderhin durch wirkungsvolle Beiträge zu einer den König stützenden Reichspropaganda erweisen. In diesem Sinne war Maximilian seit Jahren von zahlreichen Humanisten literarisch vielfältig umworben worden. Soeben hatte Celtis ihm eine Neuausgabe der Taciteischen *Germania* mit einer aktualisierend-huldigenden Vorrede gewidmet (1500).[13] Bebel sollte den diesbezüglichen Erwartungen bald entsprechen, durch Schriften zur Autochthonie-Frage (*Germani sunt indigenae*)[14] und zur Wiedereingliederung der Schweizer ins Reich (*Cohortatio Helvetiorum ad oboedientiam imperii*, 1507) bis hin zu patriotischen Lobpreisungen Maximilians in poetisch-zeitkritischen Texten wie der Verssatire *Triumphus Veneris* (1509)[15]. Mit solchen publizistischen Beiträgen reihte sich Bebel ein in die nicht geringe Zahl derjenigen humanistischen Propagandisten gerade im deutschsprachigen Südwesten, die dem Schutzherrn der *bonae artes* durch loyale Gesinnung öffentlich Unterstützung gewährten und zugleich ihrer eigenen bildungspolitischen Aktivität einen entscheidenden nationalen Impetus verliehen. In vorderster Linie stehen hier Brant, Locher, Wimpheling.[16] Deutschland, das Land so großer kulturell-literarischer Tradition, soll seinen wahren *virtutes* sich zuwenden, damit nicht länger die Rede sein muß »de laudibus Germaniae deque

13 Zu diesem Komplex u. a. Paul Joachimsen, *Geschichtsauffassung und Geschichtsschreibung in Deutschland unter dem Einfluß des Humanismus*, T. 1, Leipzig 1910; Max Wehrli, »Der Nationalgedanke im deutschen und schweizerischen Humanismus«, in: *Nationalismus in Germanistik und Dichtung*, Berlin 1967, S. 126 ff.; Ludwig Krapf, *Germanenmythus und Reichsideologie. Frühhumanistische Rezeptionsweisen der taciteischen ›Germania‹*, Tübingen 1979, bes. S. 105 ff. (auch zu Bebel).

14 In dem Sammelband von 1504, den die *Oratio* an Maximilian eröffnet, ist diese Schrift fast unmittelbar – nur zwei einschlägige *carmina* stehen dazwischen – angeschlossen.

15 Hierzu Günter Hess, *Deutsch-lateinische Narrenzunft. Studien zum Verhältnis von Volkssprache und Latinität in der satirischen Literatur des 16. Jahrhunderts*, München 1971, S. 283 f.

16 Über Beziehungen Bebels zu den Genannten, besonders durch seine Basler Zeit, s. S. 125, 132 f., 140.

inopia scriptorum«.[17] Maximilian, die Hoffnung des Reichs nach innen und nach außen, ist bereits glanzvoller Förderer dieser ›Wiedergeburt‹ Germaniens: »Quia litteratos amas«.[18]

Die entscheidenden Kontakte zu Maximilian selbst scheint Bebel vor allem zwei Männern verdankt zu haben: Matthäus Lang (1468–1540), dem einflußreichen Geheimschreiber Maximilians – späteren Bischof von Salzburg und dann Kardinal –, dem Bebel als einem ›Maecenas der Poeten‹ die *Oratio ad regem Maximilianum* zueignete,[19] und Ludwig Vergenhans (1425/30–1513), dem in Innsbruck seinerzeit anwesenden juristischen Ratgeber und Diplomaten in Diensten Maximilians, Propst von Heiligenkreuz in Stuttgart, Kanonikus von Worms und Konstanz, dem er noch im gleichen Jahr 1501 seine *Comoedia de optimo studio iuvenum* widmete.[20] Mit Vergenhans verband ihn nicht nur engste Nachbarschaft der regionalen Herkunft – auch dieser stammte von Justingen auf der Schwäbischen Alb –, sondern vor allem die für Bebel noch wichtigere Tatsache, daß dessen Bruder Johannes Vergenhans (1425–1510)[21] als Kanzler der Universität Tübingen – vorher ihr erster Rektor – einer seiner dienstlichen ›Oberen‹ war.

Die erwünschten Konsequenzen der Ehrung durch Maximilian lagen in erster Linie hier in Tübingen. So wie der König anläßlich seines Besuchs in Freiburg 1497 den damals noch kaum bekannten 26jährigen Jacob Locher mit einem Schlage aus der Schar der ambitionierten jungen Humanisten herausgehoben hatte, so bedeutete der Dichterlorbeer für den Vertreter der noch jungen *studia humanitatis* an der Tübinger Hohen Schule eine nicht unbeträchtliche Stärkung seiner Position. Als Bauernsohn von der Alb, ohne familiäre Stüt-

17 *Oratio*, fol. a v^{r}.
18 *Oratio*, fol. c v^{v}.
19 Auch der die *insignia* begleitende Text (s. Abb. S. 3) wiederholt später ausdrücklich: »Maecenas fuerat Langius auxilio.«
20 Näheres s. Anm. zu 6,2 f.
21 Auch zu ihm vgl. Anm. zu 6,2 f. und 8,26.

De optimo ſtudio iuuenū.

Ad Venerandū patrem. virumq̧ prudentiſſ. & Iure=
cōſultiſſ. Ludouicum Nauclerum alias Fergenhans.
Stutgardieñ eccl'ię ꝑpoſitū. atq̧ Cōſtañ et Vuorma=
cieñ cathedraliū eccl'iaꝝ canonicū regiūq̧ ſenatorem
digniſſ. Ep'la Henrici Bebelij Iuſtingeñ.

c Vm ingenij tui acrimoniā. bonitatē. humāita=
tē & liberalitatē mecū ſecretius cōſidero Lu=
douice optime atq̧ prudētiſſime. videris pro=
fecto mihi ꝑ paucoꝝ hoīm vnus. et quos raros noſtra
ſęcl'a ꝑſpexerūt. Nec me aſſentari quiſq̧ exiſtimet. vi=
di egomet ipē. ſecreta ꝑſpexi. vitę eius int'fui. cū nuꝑ
ſecutus regem in Innſpruck ad eū tamq̧ ad parentem
cōfugerā. Tūc ego Ludouice īgenij tui vigorē ꝑſpexi
et acrimoniā. quoniā nulla hora vel potius momento
ociū cōcedebat. hic rex noſter Maximiliāus vocabat.
cuius rebus oībus publicis et negocijs īpialibus ade=
ras. nec q̄cq̧ arduū ſine te tractabat hic epūs Brixinē.
cęteriq̧ regij ſenatores adminiſtratoreſq̧ comitatus
Tirolis. q̄ꝝ oīm cōſilia et iuſtę gubernationis mode=
ramina. te cōſultore dirigebant. Ex altera parte Ray=
mūdus Cardinalis nūq̧ feriari ꝑmiſit. quinimo te pe=
culiari ſuoꝝ cōſiliorum adiutore. cōuictore et ſodali
vſus ē. At nll'is fractus es laboribus. nec paulo triſtior
ad quęq̧ obeūda. qui nec domi ab orōnibus. lectioni=
qus. cęteriſq̧ regiaꝝ rerū meditationibus ceſſaueris
vſq̧ adeo. vt me in admiratione traxeris vnde vni cor
puſculo tantę vires. vni ingenio tanta acrimonia ex=
uberaret. Sunt hęc quidem ampliſſima et quę paucis
contingunt. multo tamen maiori laude dignandus es
ex inſita quadā animi bonitate. liberalitateq̧. qua ꝓ=
ſeq̄ris oēs paupes et afflictos. Regibus enī et potēti=
bus benefacere ſpes aliq̄ remūerationis refulget. ſed

Beginn des Widmungsbriefes an Ludwig Vergenhans
aus dem Erstdruck (1504) der *Comoedia*

zung in der Hierarchie der Gelehrten und des Klerus, als »adulescens infimae condicionis humillimoque loco natus«, wie er sich dem König gegenüber vorstellte,[22] mußte er alles aus eigener Anstrengung erbringen. Seine mühsam errungene Stelle an der unteren, der Artistenfakultät, war nicht – wie es oft mißverständlich heißt – eine »Professur« oder gar ein Lehrstuhl, sondern zunächst lediglich eine Lektur.[23] Wenigstens sie konnte jetzt, angesichts der so glänzenden äußeren Anerkennung, dem jungen Poeten nicht mehr so leicht streitig gemacht werden. »Den *poeta laureatus* gehen zu lassen, hätte man in Tübingen schwerlich gewagt«.[24] Der indirekt mit in die Pflicht genommene Kanzler Vergenhans, selbst humanistisch geprägt und nicht zuletzt durch seinen Bruder mit Maximilian verbunden, sollte schon ein Auge darauf haben.

II

Bebel war durch die Innsbrucker Ehrung in eine Reihe von *exempla* gerückt, die für ihn Chance und Verpflichtung zugleich bedeutete, im Hinblick auf den Auszeichnenden wie auf das Metier des *poeta*. Celtis hatte sich, als er ein *laureatus* wurde, durch seine Aktivitäten in Heidelberg, Rostock, Erfurt und Leipzig trotz seiner erst 28 Jahre bereits einen weithin glänzenden Ruf erworben. Und der Bestätigung dieses Rufs, ebenso wie dem Ruhm Maximilians, diente die von Celtis vor der Kranzverleihung rezitierte Ode auf den Lorbeer und auf die Kaiserherrlichkeit. Einen dankerfüllten Bericht über die Krönung ließ Celtis in gedruckter Form folgen (um 1487). Bei Cuspinian, dem ersten von Maximilian Gekrönten, war der Anlaß ein Gedicht auf den heiligen Leopold, vorgetragen bei der Totenfeier für Kaiser

22 *Oratio*, fol. a ij^r.
23 Hierzu S. 123.
24 Haller (Anm. 10) Bd. 1, S. 230.

Friedrich III. Bei Locher war es das poetische Lob des kaiserlichen Glanzes, das er vor Maximilian anläßlich eines Besuchs in der Freiburger Universität vorgetragen hatte. Auch hier schloß sich eine gedruckte Dankesschrift an (1497), die außer *panegyrici* auf den König nun auch einen *Dialogus de heresiarchis* und sogar eine aktualitätsbezogene *Tragedia de Thurcis et Suldano* enthielt.[25] Zwei Jahre zuvor war in Freiburg bereits Lochers *Historia de rege Franciae* aufgeführt worden,[26] das erste ›historische‹ (hier: ›zeitgeschichtliche‹) Drama aus der Feder eines deutschen Humanisten, das zugleich theatergeschichtlich[27] als Beginn des Humanistendramas in Deutschland zu gelten hat.[28] Unter den *poetae laureati* hatte sich vor Bebel auch Joseph Grünpeck mit seinen für Moral und sauberes Latein eintretenden *Comoediae duae* (1497)[29] im ›dramatischen‹ Genre versucht. Das zweite der beiden Stücke, das allegorische Festspiel *Virtus et Fallacicaptrix*, war am 26. November 1497 in Augsburg vor Maximilian selbst aufgeführt worden. Die Krönung als Anerkennung hierfür hatte dann im Jahr dar-

25 *Libri Philomusi panegyrici ad regem. Tragedia de Thurcis et Suldano. Dialogus de heresiarchis*, Straßburg 1497. Am Schluß des Textes der *Tragedia* heißt es ausdrücklich: »Actum in celebratissimo Friburgensi gymnasio [...] Idibus Maiis 1497.«

26 Druck: *Historia de rege Franciae cum nonnullis aliis versibus et elegiis*, Freiburg 1495.

27 Die Aufführung in einem der Gärten der Freiburger Universität ist ebenfalls bezeugt, s. Anm. zu 10,5.

28 Hierzu Wilhelm Creizenach, *Geschichte des neueren Dramas*, Bd. 2, Halle ²1918, S. 24 ff.; Heinz Kindermann, *Theatergeschichte Europas*, Bd. 2, Salzburg 1959, S. 239 ff.; Hans-Gert Roloff, »Neulateinisches Drama«, in: *Reallexikon der deutschen Literaturgeschichte*, Bd. 2, Berlin ²1965, S. 645 ff.; Hans Rupprich, *Die deutsche Literatur vom späten Mittelalter bis zum Barock*, T. 1, München 1970, S. 634 ff. Nützliche Übersichten über die einzelnen Titel bei Paul Bahlmann, *Die lateinischen Dramen von Wimpfelings ›Stylpho‹ bis zur Mitte des sechzehnten Jahrhunderts. 1480–1550*, Münster 1893. Zum Bühnenpraktischen: Wolfgang F. Michael, *Frühformen der deutschen Bühne*, Berlin 1963.

29 Druck: *Comoediae duae utilissime omnem latini sermonis elegantiam continentes*, Augsburg 1497.

auf in Freiburg stattgefunden.[30] Und schließlich hatte nur wenige Monate vor Bebels Begegnung mit Maximilian, am 1. März 1501 auf der Linzer Burg, kein geringerer als Conrad Celtis dem König mit dem Festspiel *Ludus Dianae* gehuldigt.[31] Im Verlauf der Aufführung hatte einer der – neben Celtis selbst – Agierenden, Vinzenz Lang, den Dichterlorbeer empfangen. Maximilian war für einen Augenblick zum ›Mitspieler‹ geworden. Der König selbst hatte somit nach und nach der neuen rezitativisch-theatralischen Kunstübung seine Anerkennung zukommen lassen, einer Kunstübung, die seit den ersten Aufführungen antiker Stücke durch den Kreis um Pomponius Laetus in Rom immer stärker ins Interessenfeld der humanistischen *poetae* auch in Deutschland gerückt war: als eine Weise ›lebendiger‹ Repräsentation des vielfältigen eigenen Könnens und zugleich als wirkungsvolle Propaganda für die neue Bildungsidee.

Die Vermutung ist kaum sonderlich gewagt, daß der allmählich unter den *poetae laureati* sich herausbildende Usus, das Zusammenstellen von Lobgedicht auf Maximilian, prosaischer Huldigung und *ludus*, *dialogus* oder *comoedia*, den entscheidenden Anstoß auch zu Bebels *Comoedia de optimo studio iuvenum* gegeben hat. Erstmals, soweit es die Zeugnisse erkennen lassen, war in diesem Fall eine großangelegte Huldigungsrede des *poeta* an den König der Kranzverleihung vorausgegangen. Das fällige Lobgedicht hatte Bebel als *gratiarum actio* angeschlossen, und gleich noch zwei weitere im Druck dazu *(In Asophum pseudoprophetеn* und *In detractorem regiae maiestatis).*[32] Die wesenhafte Zusammengehörigkeit von Poesie und Eloquenz in seinem Kon-

30 Sie geschah am 20. August 1498 durch einen Beauftragten Maximilians.

31 *Ludus Dianae in modum comediae coram Maximiliano Romanorum rege [...] actus*, Nürnberg 1501.

32 So die Binnentitel des Drucks der *Oratio* (Anm. 2), leicht abweichend vom Titelblatt des Sammelbandes. Zum aktuellen politischen Zusammenhang Krapf (Anm. 13) S. 106 f. Über die Bedeutung des bereits 1496 publizierten Gedichts *Ad Maximilianum contra Thurcos* s. S. 133.

Stadt und Universität Tübingen, Ausschnitt aus einem Kupferstich von Gabriel Bodenehr aus dem Jahr 1720; angefertigt nach Vorlage des Merianschen Stiches von 1643 und um die Gebäudebezeichnungen ergänzt

zept der *studia humanitatis*, beide in den Dienst am König und an Deutschland gestellt, war eindrucksvoll demonstriert. Jetzt fehlte nur noch, nach dem Muster der Laureaten Locher, Grünpeck, Celtis, die dialogisch-theatralische Gattung. Mit einem *exemplum* dieser ›neuen‹ Kunstübung hoffte er nunmehr ebenbürtig in der Reihe der von Maximilian Ausgezeichneten bestehen zu können.
Bebel holte das zum vollständigen Poetenruhm noch Fehlende in Tübingen gewissermaßen nach: nun vor einem universitären Publikum, wie es Locher in Freiburg bereits gewagt hatte – und nicht zuletzt Jakob Wimpheling mit seinem epochemachenden *Stylpho* 1480 im Rahmen einer Heidelberger Promotionsfeier.[33] Die betonte Verknüpfung der *Comoedia* mit Maximilian und den Innsbrucker Ereignissen ist unübersehbar: in der Widmungsvorrede an Ludwig Vergenhans als den Augenzeugen der Ehrung, in der Hervorhebung der Aktivitäten des Königs und seines Ratgebers, in der Verwendung eines Innsbrucker Vorfalls als Teil der Argumentation der *Comoedia* selbst (4. Akt, S. 54) und schließlich darin, daß die entscheidende Synthese von humanistischer Gelehrsamkeit und politischer Erfahrung durch einen *Aulicus regis* verkörpert wird.

III

Im Spätherbst des gleichen Jahres 1501 – die Widmungsvorrede an Ludwig Vergenhans ist vom 13. November datiert – wurde an der Universität Tübingen in Gegenwart des Kanzlers Johannes Vergenhans, des Senats und einer dichtgedrängten Schar von Studenten die *Comoedia de optimo studio iuvenum* aufgeführt.[34] Dem Gattungstyp nach gehörte das Stück zur prosaischen, allenfalls durch einzelne

33 Auf die engen Beziehungen zwischen Bebels *Comoedia* und dem *Stylpho* wird im folgenden noch näher eingegangen.
34 Für die noch ermittelbaren Umstände der Aufführung s. Anm. zu 10,5.

Verspartien aufgelockerten *comoedia* (auch *dialogus* oder *ludus*) schulisch-akademischen Inhalts und bildungsprogrammatischer Tendenz, wofür als frühestes Beispiel Wimphelings *Stylpho* (1480) gilt.[35] Zum gleichen Typ läßt sich außer den schon erwähnten *Comoediae duae* (1497) des *poeta laureatus* Grünpeck vor allem der *Codrus* (1485) des Münsteraner Gymnasiarchen Johannes Kerckmeister[36] rechnen. Aber auch die neue Form, das komische Spiel in kunstvollen jambischen Senaren nach dem Muster der *palliata*, hatte, als sich Bebel hervorwagte, mit Johannes Reuchlins *Henno* (1497) bereits ihr erstes großes Muster.[37]

Der äußere Aufbau der *Comoedia*, wie er sich in der Druckfassung (zuerst 1504) darbietet, ist angemessen verstehbar nur auf dem Hintergrund jener Wiederentdeckung der römischen Komödie eines Plautus und Terenz *(palliata)*, die das gesamte Humanistendrama in allen seinen Spielarten geprägt hat. Motive und Elemente dieser besonderen »Wiederbelebung des classischen Alterthums«[38] sind vielfach dargestellt worden, bis hinein in die Bedeutung der handschriftlichen Tradition mit ihren sekundären Erweiterungen, auch den Bühnenillustrationen. Der gelernte *poeta* Bebel war mit den Schemata dieser Gattungsüberlieferung vertraut und konnte

35 Bezugnahmen hierauf im folgenden nach: Jacob Wimpheling, *Stylpho*, Lateinisch/Deutsch, übers. und hrsg. von Harry C. Schnur, Stuttgart 1971. Aufführung im Rahmen einer Feier zur Verleihung des Lizentiatengrades der Artistenfakultät ›modernen Weges‹ an der Universität Heidelberg 1480. Erstdruck: Basel 1494.

36 Neuausg. des 1485 in Münster zuerst gedruckten Stücks, mit Nachw. und Komm.: Johannes Kerckmeister, *Codrus*, Ein neulateinisches Drama aus dem Jahre 1485, hrsg. von Lothar Mundt, Berlin 1969.

37 Johannes Reuchlin, *Henno*, Komödie, Lateinisch/Deutsch, übers. und hrsg. von Harry C. Schnur, Stuttgart 1970. Erstdruck: Basel 1498 (Aufführung erst 1505). Der ebenfalls im Komödienvers gehaltene *Sergius* ist nicht ganz sicher datiert (um 1496).

38 So der Titel der berühmten Darstellung von Georg Voigt: *Die Wiederbelebung des classischen Alterthums, oder das erste Jahrhundert des Humanismus*, 2 Bde., Berlin 1859.

sie bei den Anhängern der *bonae litterae* ebenso voraussetzen. Seit Peter Luders Heidelberger Vorlesungen (1456–60) war im Zusammenhang der Propaganda für die *studia humanitatis* – der Begriff verdankt Luder sehr wesentlich seine Verbreitung – die Kenntnis der Komödien von Plautus und Terenz mehr und mehr gewachsen. Die ersten Aufführungen, nach italienischem Vorbild, begannen gerade in den Jahren um Bebels *Comoedia.*[39] Die gedruckte *Comoedia* umfaßt ein prosaisches *argumentum* (das wohl auch mit vorgetragen wurde), dann einen antikisch-anspielungsreichen Prolog *ad spectatores* in sieben Distichen, fünf *actus*, deren letzter in einer programmatischen Rede des ›Dichters‹ gipfelt, schließlich ein Epigramm in vier Distichen wiederum *ad spectatores.* Im Gegensatz zu den ausgesprochenen Festspielen, wie etwa dem *Ludus Dianae* von Celtis oder auch zur *Tragedia de Thurcis et Suldano* von Locher, besitzt das Bebelsche Stück keinen Chor und auch keine Verspartien der spielenden Personen. Es handelt sich, wie bei den bildungsprogrammatischen Stücken Wimphelings, Kerckmeisters und Grünpecks, um die ganz ›schlichte‹ Form.

Die Termini für die Darbietungsform lauten in den Rahmentexten (Widmungsvorrede, Argumentum, Prolog, Epilog) *recitare* und *ludere.* In einem mehr metaphorischen Sinn gebraucht das Argumentum – wie schon der Prolog zum *Stylpho* – außerdem den Ausdruck *decantare.*[40] Der Prolog verbindet *recitare* mit *actor*, im übrigen bevorzugt Bebel deutlich die erste Person Pluralis (»recitavimus«, »mutuavimus«, »Lusimus«), der Singular tritt etwas zurück und begegnet wesentlich in Schlußformulierungen persönlicher Art (»me commendatum habe« am Ende der Widmungsvorrede, »Iuro« im Epilog). All dies ist nicht nur symptomati-

39 Die wichtigsten Daten, beginnend mit einer Breslauer Aufführung von 1500, bei Roloff (Anm. 28) S. 648 ff. (dort auch weiterführende Literatur).

40 Die Formulierung »non canit« im Prolog zur *Comoedia* bezieht sich wohl in erster Linie auf den Vergleichspunkt, die Elegiker.

scher Ausdruck einer Übergangssituation, des Neuen, des Erprobens – ganz wie in vielen schillernden Formulierungen bei Wimpheling –, sondern auch des Zusammenwirkens zwischen Bebel und seinen rezitierend-deklamierenden Studenten. Bebel selbst trug möglicherweise Argumentum, Prolog und Epilog vor und spielte außerdem wohl sich selbst, den *Poeta*; die anderen Figuren wurden vermutlich von Studenten dargestellt. Auch die ›Botschaft‹ des Stücks war nicht nur eine individuelle Bebels, sondern sie sollte zugleich möglichst als die von mehreren erscheinen, von Studenten, so wie ja im Stück Vigilantius selbst schließlich zum Propagator des neuen Ideals wird. An der Urheberschaft freilich, dem ›Kopf‹ des Ganzen, sollte kein Zweifel bleiben, schon durch die große Schlußpartie des *Poeta*.
Bebel besiegelte dies noch, indem er nach dem Muster der Überlieferung der römischen Komödien das »Bebelius recensui« ans Ende setzte. Das »valete et plaudite« knüpfte ebenso deutlich, als Signal für die Kenner, an Konventionen der *palliata* an, nicht anders als es – mit der gleichen Formel – Wimpheling, Kerckmeister, Locher (am Schluß der *Historia de rege Franciae*) und andere getan hatten. Auch andere szenisch-dramaturgische Details folgen diesem Gattungsvorbild, so die verschiedentlichen, im Sprechtext selbst verankerten Hinweise auf das Auftreten und Abgehen von Personen (»sed ecce ...«, »video aliquem ...«, »valete« usw.). Dies geschieht meist zu Beginn oder am Ende eines Akts, aber auch innerhalb (etwa im 2. Akt bei der Hinzuziehung des Hipponomus oder im 4. Akt, wenn der Höfling des Königs auftritt). Auf diese Weise entstehen faktische Binnenteilungen, ohne daß – wie bei Wimpheling oder Kerckmeister – das ganze Stück nach ›Szenen‹ durchgegliedert wäre.
Weitgehend auf Vermutungen angewiesen sind wir bei szenischen Details. Ob die Linde zu Beginn des 2. Akts (S. 30) nur gewissermaßen ›gesprochenes Requisit‹ war, ist nicht zu sagen, ebensowenig wie bei dem Porticus kurz darauf (S.

32). Bei einer eventuellen Aufführung im Freien (s. hierzu den Kommentar) wäre durchaus an eine ›realistische‹ Kulisse zu denken. Der »philosophicus habitus« an der gleichen Textstelle (S. 32) kann in der szenischen Realisierung herausgehoben sein, und sei es nur dadurch, daß der Magister – der ja kurze Zeit später auch auftritt – eine bestimmte Amtstracht trägt. Das Detail ist symptomatisch für den Aufführungszusammenhang insgesamt: Je mehr sich die *Comoedia*, nach dem 2. Akt, vom ländlichen Geschehensraum weg verlagert, desto mehr spielt man ›sich selbst‹, in der Thematik wie den Kommunikationsformen bis hin zur Universitätshodegetik (Beginn des 3. Akts), zur akademischen *disputatio* (Lentulus/Vigilantius im 4. Akt) und zur programmatischen *declamatio* (des ›Dichters‹ im 5. Akt).
Es ist keine ›andere Welt‹, die einer aufwendigen Ausstaffierung auch nur durch Kostüme bedürfte,[41] wie etwa bei den allegorischen Festspielen und mythologischen Huldigungen eines Celtis oder Grünpeck, den zeithistorischen Repräsentationen eines Locher. Bebels *Comoedia* bewegt sich, darin am ehesten Kerckmeisters *Codrus* vergleichbar, wesentlich im universitären Umkreis selbst, wenn auch zunächst bewußt ›von außen‹: dort mit dem Spaziergang der beiden Studenten »extra moenia« Kölns, hier mit der ländlichen Beratung über das Studium des Vigilantius. Der *Poeta* umspannt durch sein Auftreten zugleich das Ganze der Aufführung, von Argumentum und Prolog bis zur großen Schlußdeklamation und zum Epilog.
Der *Poeta* ist die eigentliche Perspektivfigur der *Comoedia* in einem das ›Dramaturgische‹ durchaus transzendierenden Sinne. Für Bebel und seine Zeitgenossen besaß der Begriff –

41 Dies bedeutet jedenfalls, daß die reizvollen und vieldiskutierten Illustrationen zur ›Terenzbühne‹ oder auch die Holzschnitte, die der Grüningersche Druck von Lochers *Tragedia* (1497) enthält, nicht direkt auf die Inszenierung von Bebels *Comoedia* zu übertragen sind; Anregungen im szenischen Detail mögen dadurch nicht ausgeschlossen sein. Zum ganzen Problemkomplex siehe Michael (Anm. 28) S. 67 ff.

und dies gegenwärtig zu halten ist wichtig – eine zumindest doppelte Bedeutung. Mit dem Wort ist der Anspruch verbunden, nach klassisch-antiken Mustern kunstvolle regelgerechte *poemata* oder *carmina* verfassen zu können – im Prolog wie im Epilog bestätigen es die gewählt anspielungsreichen Distichen. Außerdem demonstrieren im Komödientext selbst die dialogischen Partien ebenso wie die großen *orationes* und *declamationes*, daß der Autor auch die Kunstprosa, die *eloquentia soluta*, beherrscht. Ein Exempel hierfür bildet nicht zufällig den abschließenden Höhepunkt des Stücks, vom ›Dichter‹ selbst vorgetragen. *Poeta* ist aber zugleich ein institutioneller Begriff: Als universitäre ›Berufsbezeichnung‹ steht er für den Vertreter der *studia humanitatis* überhaupt, unabhängig von seinen möglicherweise mehr ›poetischen‹ oder mehr ›prosaischen‹ Neigungen. Die *Comoedia* in ihrem argumentativen Aufbau gibt die tiefere Begründung für diese Verknüpfung mit hinreichender Deutlichkeit selbst: Erst die Beschäftigung mit der Poesie verleiht dem Lateinstudium den eigentlichen Glanz, führt zur wahren *eloquentia* und öffnet den Weg zur gewissermaßen ›vorphilosophischen‹ Ethik, aus der dann die Philosophen geschöpft haben (S. 58).

Das Ineinander des Konzeptionellen und des Institutionellen in dem *einen* Begriff macht es unmöglich, an jeder einzelnen Stelle die Akzentuierung eindeutig zu bestimmen. Bebel nützt natürlich die Untrennbarkeit argumentativ aus, in einem breiten Spektrum der Begründungen von der stilbildenden Funktion der Poesie für den angehenden Humanisten Vigilantius bis zur Verteidigung der Poesie ausgerechnet durch den, der die Karriere, die politische Realität, die ›Erfahrung‹ vertritt, durch den Höfling des Königs (4. Akt). Es geht nicht mehr nur darum, ob das Studium der (antiken) Poesie den lateinischen Stil verderbe oder zum ›Glänzen‹ bringe, auch nicht nur um die Frage, ob die Dichter den jungen Leuten moralisch schaden oder nützen; auch dies alles wird ausführlich diskutiert. Es geht um einen Füh-

rungsanspruch der Poesie, des *studium poetices* und damit des *poeta*, innerhalb der Artistenfakultät. Bebel läßt keinen Zweifel, daß erst mit der Poesie die *eloquentia* ihre Vollendung erhält und daß Grammatik, Logik, Dialektik, Syllogistik (die Akzente wechseln mehrfach), selbst Ethik nur dienende Funktion haben. Die *eloquentia*, die der universitäre *poeta* durch Unterricht und persönliches Vorbild vermittelt, entscheidet über Karriere oder Mißerfolg. Die Reaktion des Kardinals Raimundo, die der Höfling als »vera historia« aus Innsbruck berichtet (S. 54, im 4. Akt), ist hierfür ebenso Beleg wie der Handlungsausgang des *Stylpho*, wo die Titelfigur mit ihrer kulturlosen Pfründenjagd scheitert und der Verehrer der *litterae* Bischof wird. Heinrich Bebel steht als leibhaftiges Exempel, als soeben von höchster Stelle ausgezeichneter und bestätigter *poeta* vor der Universitätsöffentlichkeit. Er wirbt mit der *Comoedia* in rhetorisch-argumentativer Einheit zugleich für sein Metier, die *studia humanitatis*, und für sich selbst.[42]

IV

Auffällig, fast aufdringlich ist der irenische, um nicht zu sagen: ›pazifistische‹ Zug, der das Stück vor allem in den beiden letzten Akten kennzeichnet. Bereits im nur wenige Zeilen umfassenden Argumentum nimmt das Motiv »pax et amicitia« (S. 12) einen überproportionalen Raum ein. Im Komödientext selbst bilden die Streitigkeiten zwischen den verschiedenen wissenschaftlichen ›Schulen‹ (»secta«) ein Leitthema, sei es zwischen dem Syllogistiker und dem Humanisten (Lentulus/Vigilantius im 4. Akt), sei es zwischen dem Scotisten und dem Ockhamisten (Chrysippus/Leucippus im 5. Akt) und natürlich generell zwischen der

42 Zu den universitätsgeschichtlichen Zusammenhängen des Begriffs *poeta* s. Abschn. IV.

›alten‹ und der ›neuen‹ Bildung. Die Position des *Poeta* ist alledem gegenüber mit tendenziöser Deutlichkeit festgelegt als die des Humanisten, der über den Parteien und Fronten steht. Er versteigt sich gar zu der These, die Verschiedenheit der Lehrmeinungen sei bloß zur Übung des Verstandes geschaffen, »ad nudam exercitationem« (S. 68). Und wie für den Karrierenutzen der *latinitas* der ›empirische‹ Beleg aus Innsbruck (Reaktion des Kardinals Raimundo) herhalten muß, so hier für Möglichkeit und Würde der »concordia discors« das Beispiel der beiden miteinander befreundeten Gelehrten in Paris (5. Akt). Die große ›unitarische‹ Schlußdeklamation des *Poeta* greift nicht nur in immer neuen konzentrischen Kreisen aus bis zu der *einen* Nation und dem *einen* christlichen Glauben. Sie drängt auch alle Differenzen in einem Friedens- und Verträglichkeitsrausch zurück bis zur Unerkennbarkeit.

Ist dies nur platte Anbiederung dessen, der nichts als die Festigung seiner glücklich erworbenen Position im Kopf hat? Zunächst einmal fehlt dem Stück durchaus jene aggressiv-brutale, ja inhumane Tendenz, mit der etwa in Kerckmeisters *Codrus* die Titelgestalt als »monstrum« karikiert, verhöhnt und schließlich verprügelt wird. Auch wird die Gegenfigur nicht in den sozialen ›Abgrund‹ gestoßen und der Schadenfreude preisgegeben wie im *Stylpho*, wo der Titelheld als Schweinehirt endet. Möglicherweise mit Blick auf solche vergleichbaren humanistisch-bildungsprogrammatischen Stücke, jedenfalls mit gutem Recht hebt Bebel im Epilog hervor, er habe seine Ansicht ohne böse Gehässigkeit (»tetro sine felle«) vorgetragen. Und gewiß nicht von ungefähr schließt sich im gleichen Epilog die Aufforderung an, daß nun auch der »vates« (man beachte die Steigerung gegenüber dem vorangehenden »poeta«) gegen Mißgunst verteidigt werden möge.

Bebel begründet seine Ermahnung zu Friedfertigkeit und Versöhnungsbereitschaft aus dem ›Menschsein‹ der Angesprochenen (»qui estis homines«, S. 70), also humanistisch

in einem ursprünglichen Sinn. Aber er spricht zugleich in eine bestimmte geschichtliche Situation einer bestimmten Universität. In Tübingen, einer damals fast noch ›jungen‹ Hochschule der zweiten Gründungswelle (1477),[43] war von früh an die den Wissenschaftsbetrieb der Epoche bestimmende Polarisierung zwischen Realisten und Nominalisten, zwischen altem und neuem ›Weg‹, zwischen *antiqui* und *moderni* nur in sehr abgeschwächter Form übernommen worden. Im Vergleich etwa zu Erfurt, Köln, Prag oder gar Paris war die Koexistenz auch institutionell verankert, so wenn die sogenannte Zweite Ordnung des Grafen Eberhard von 1491 einen genauen Proporz festlegt: Von den vier ›Kollegiaten‹ »sollen allwegen sin zwen von dem alten weg vnd zwen von dem nuwen«.[44] Man lebte, mit mannigfachen Überschneidungen und wechselnden Koalitionen, nebeneinander – und sei es auch baulich voneinander geschieden wie in der Burse, wo Realisten und Nominalisten zwei getrennte Aufgänge zu benutzen hatten.

Die humanistischen Elemente aber, jenseits dieser Fronten und mit den Nominalisten und *moderni* nur partiell sich berührend (Wimphelings *Stylpho* hatte in Heidelberg seinen Ort in einer Feier der *via modernorum*), waren in der Konzeption der Tübinger Gründung von Anfang stark ver-

43 Hierzu Haller (Anm. 10) Bd. 1, S. 1 ff.; Walter Jens, *Eine deutsche Universität. 500 Jahre Tübinger Gelehrtenrepublik*, München 1977, S. 11 ff.; Waldemar Teufel, »Die Gründung der Universität Tübingen. Wagnis und Gelingen – Anstöße und Vorbilder«, in: *Beiträge zur Geschichte der Universität Tübingen 1477 bis 1977*, hrsg. von Hansmartin Decker-Hauff [u. a.], Bd. 1, Tübingen 1977, S. 3 ff.

44 [Rudolf Roth,] *Urkunden zur Geschichte der Universität Tübingen. Aus den Jahren 1476 bis 1550*, Tübingen 1877, S. 85. Zum Problem von Polarisierung und Koexistenz der verschiedenen Richtungen vgl. außer den Darstellungen von Haller und Jens vor allem: Heiko Augustinus Oberman, »Via moderna – Devotio moderna: Tendenzen im Tübinger Geistesleben 1477–1516«, in: *Theologen und Theologie an der Universität Tübingen. Beiträge zur Geschichte der Evangelisch-Theologischen Fakultät*, hrsg. von Martin Brecht, Tübingen 1977, S. 1 ff.; ders., *Werden und Wertung der Reformation. Vom Wegestreit zum Glaubenskampf*, Tübingen 1977, S. 28 ff.

treten. Prägend war hierbei vor allem Johannes Vergenhans, wichtigster Berater des Grafen Eberhard in Bildungsfragen und dann erster Rektor, der mit der humanistischen Bewegung nicht nur in Italien und Paris in Berührung gekommen war, sondern zuletzt auch in Basel, von wo er dann nach Tübingen wechselte.[45] Ähnliches gilt für den einflußreichen Johannes Heynlin von Stein, zu dessen Schülern in Basel Sebastian Brant und wohl auch Bebel selbst gehört hatten. Obwohl die Tradition der Scholastik auch in Tübingen zunächst noch mächtig war, repräsentiert besonders durch den streitbaren Theologen Jacob Lemp – er war gerade im Jahr 1500/01 Rektor –, gilt doch für diese Universität, verglichen mit vielen anderen (gerade auch im deutschsprachigen Südwesten): »hier begegneten einander auch Scholastiker und Humanisten in einer Manier, die von Übereinkunft und Freundlichkeit zeugte«.[46]

Bebel war in diesem Sinne ein ›Tübinger‹ geworden. Seine ostentativ friedfertige, versöhnlerische Haltung, wie sie in der *Comoedia* und ihren Rahmentexten sich äußert, war also einerseits dem akademischen *genius loci* ›angemessen‹; er schuldete sie dem Gründungskonzept der Korporation, der er angehörte. Auf der anderen Seite blieben für die besonderen Belange seiner Disziplin und seiner Position Verträglichkeit, Kooperationsgabe und Kompromißbereitschaft wichtige Voraussetzungen. Beide, der Mann und das Fach, galten in den Augen vieler noch als ›jung‹ und im Stadium der Bewährung. Wie an anderen Universitäten des zweiten Gründungsschubs waren die *studia humanitatis* als Fachgebiet zwar schon relativ früh berücksichtigt, jedoch in einer institutionell keineswegs sehr gefestigten Form. Mehrfach versahen Wanderhumanisten – unter ihnen Peter Luder als der bekannteste – für kürzere Zeit eine der neu eingerichteten Stellen. In Basel (gegründet 1460) wurde eine humanisti-

45 Näheres zu Vergenhans (mit Literaturhinweis) s. Anm. zu 8,26 und 6,2f.
46 Jens (Anm. 43) S. 37.

sche Lektur bereits 1464 geschaffen,[47] in Freiburg 1471, in Ingolstadt 1477, in Wien 1494.[48]
In Tübingen sah bereits die Erste Ordnung des Grafen Eberhard von 1481 neben zwei Juristen und zwei Medizinern (sie erhalten 80 bzw. 60 Gulden) auch eine Stelle vor für einen, »der in Oratorien lyset« (mit 30 Gulden),[49] d. h. eine Lektur für Rhetorik, keinen Lehrstuhl.[50] Der Auftrag hätte ebensogut lauten können, »in poetrye ze lesen«, wie in Basel; der *poeta* war für das Gesamtgebiet zuständig. Von einer Besetzung der Tübinger Stelle ist nichts bekannt. In der Zweiten Ordnung von 1491 wurde der Fächerbereich präzisiert: Das gekürzte Salär (25 Gulden, wie die vier ›Kollegiaten‹) ist bestimmt für einen, »der vngeuärlich liset in oratoria moralibus oder poetrij«.[51] Wiederum scheint die Stelle mehrere Jahre vakant gewesen zu sein. Vielleicht wirkten sich hier noch universitätsinterne Vorbehalte oder gar Widerstände gegen die neumodischen *humaniora* aus. Vielleicht auch fehlte es noch an überzeugend qualifizierten Bewerbern. Im Jahre 1492 tauchte, nach Studien in Basel, Freiburg und Ingolstadt, Jacob Locher in Tübingen auf. Unter dem 24. Juni verzeichnete die Matrikel: »Jacobus Locher de Ehingen poeta [!]« hat seine Gebühr entrichtet.[52]

47 Edgar Bonjour, *Die Universität Basel von den Anfängen bis zur Gegenwart*, Basel 1960, S. 94 ff.
48 Vgl. die knappen Überblicke zu einzelnen Universitäten bei Eckhard Bernstein, *Die Literatur des deutschen Frühhumanismus*, Stuttgart 1978, S. 14 ff.
49 [Roth] (Anm. 44) S. 71.
50 Der Irrtum, es handele sich um einen Lehrstuhl, ist weit verbreitet, sowohl in der Literatur zu Bebel etwa bei Wesselski (Anm. 10) S. VI, als auch zur Geschichte der Universität Tübingen, etwa bei Ernst Conrad, *Die Lehrstühle der Universität Tübingen und ihre Inhaber (1477–1927)*, Tübingen 1960, S. 41.
51 [Roth] (Anm. 44) S. 85. Außerdem sind in der Ordnung von 1491 »vier meister in den fryen künsten« vorgesehen (S. 83).
52 *Die Matrikeln der Universität Tübingen*, hrsg. von Heinrich Hermelink, Bd. 1: Die Matrikeln von 1477–1600, Stuttgart 1906, S. 90 (die Immatrikulation, als Aufnahme in die Korporation, war – wie dann bei Bebel – auch für die Anstellung eines *poeta* notwendig). Günter Heidloff, *Untersuchun-*

Interessierte er sich vielleicht – auch – für die humanistische Lektur? Das Rennen machte mit Heinrich Bebel schließlich, Jahre danach, ein anderes Landeskind aus der näheren Umgebung. Mit Bebel beginnt institutionell-personell die Tübinger humanistische Tradition,[53] knapp zwei Jahrzehnte nach der Gründung der Universität: etwas verspätet.

V

Am 2. April 1496 wurde ein »Henricus Bebel de Justingen« in die Tübinger Matrikel aufgenommen,[54] hier an der württembergischen Landesuniversität sollte er für den Rest seiner akademischen Karriere auch bleiben. Geboren war er vermutlich im Jahr 1472 (die Angabe wird oft als gesichert betrachtet, ist jedoch nur erschlossen)[55] auf dem Gut Bewinden auf der Schwäbischen Alb, das zusammen mit den Ortschaften Ingstetten, Hütten und Gundershofen zu Justingen gehörte. Aus dieser komplizierten Konstellation erklären sich die verschiedenen Benennungen, die Bebel selbst für sich verwendet und die zum Teil auch in fremden Quellen begegnen: »Henricus Bebel(ius) de Bewinden«,

gen zu Leben und Werk des Humanisten Jakob Locher Philomusus (1471–1528), Diss. Freiburg i. Br. 1975, S. 145, vertritt die Ansicht, daß Locher somit »eine Anstellung als Lektor für Poesie gefunden hatte«; doch würde dann überraschen, daß er sie sehr bald wieder aufgegeben haben muß (Heidloff nennt als Gründe Anfeindungen und Reisepläne). Möglicherweise handelt es sich bei Locher doch nur um ›freie‹ Kurse, nicht um solche auf der ›Planstelle‹, die später Bebel einnahm.

53 Einen Überblick gibt Wilfried Barner, *Barockrhetorik. Untersuchungen zu ihren geschichtlichen Grundlagen*, Tübingen 1970, S. 418 ff. Die Tradition der humanistischen ›Bestrebungen‹ umgreift natürlich auch an anderen Universitäten mehr als nur die ›Stelle‹: oft gingen vor allem von den Lehrern des römischen Rechts wichtige Impulse aus, so etwa in Basel.

54 *Die Matrikeln der Universität Tübingen* (Anm. 52) Bd. 1, S. 109.

55 Knappe Erläuterung des Problems bei Binder (Anm. 10) S. 26 f. Detailliertere Wiedergabe der Zeugnisse bei Wesselski (Anm. 10) S. II f. Die Zahl »um 1475«, die bei Goedeke ²I, S. 437, genannt wird, ist vielfach nachgeschrieben worden.

»agrius Bewindanus«, dann das von ihm selbst bevorzugte »Iustingensis«, auch »Iustingensis Suevus« oder nur »Suevus«, und schließlich, in amtlicher Beziehung, »Tubingensis«.[56] Der Vater gleichen Vornamens (in einer Matrikel sollte es dann ausdrücklich heißen: »Henricus Henrici de Bewinden«),[57] bei dem uns nur das Todesjahr 1508 durch ein Gedicht des Sohnes überliefert ist,[58] war wie der Großvater zunächst einfacher Bauer gewesen. Er war dann später zum herrschaftlichen Verwalter des Gutes Bewinden (»campus Bewindanus«) aufgestiegen. Die Figur des im 2. Akt der *Comoedia* hinzugezogenen Hipponomus, der einige Jahre lang in Ingstetten als »praefectus [...] rusticanis« (S. 32; vgl. S. 34) amtierte und sich dabei großen Respekt erwarb, ist offenkundig unmittelbar autobiographisch gefärbt. Bebels jüngerer Bruder Wolfgang studierte seit 1503 in Tübingen, wurde 1506 Doktor der Medizin und war 1515 Dekan der artistischen Fakultät. Mit ihm blieb Bebel zeitlebens in – auch räumlich – nahem Kontakt, sein Name taucht mehrfach in seinen Schriften auf, auch als Adressat von Widmungen. Der ältere Bruder wurde freilich der bekanntere und ließ den jüngeren deutlich in den Schatten treten.

Justingen scheint in jenen Jahren so etwas wie ein ›Genie-Nest‹ gewesen zu sein. Von dort oder aus der näheren Umgebung stammten außer den prominenten Brüdern Johannes und Ludwig Vergenhans vor allem Johannes Stöffler (1452–1531), erster Tübinger Professor der Mathematik und Astronomie, seinerzeit auch berühmter Uhren- und Kalendermacher. Jacob Locher, mit dem Bebel später in mannigfachen Beziehungen der Anregung wie der Konkurrenz stand, war 1471 in Ehingen (Donau) geboren worden,

56 Nie aber nennt Bebel Ingstetten als Geburtsort, wie gelegentlich in der Sekundärliteratur (etwa bei Wesselski, S. II); hier ist irrtümlich ›übertragen‹ worden.

57 So in Krakau 1492, s. Anm. 74.

58 Auch hier wieder sind falsche Zahlen im Umlauf; sogar Bebermeyer, *Tübinger Dichterhumanisten* (Anm. 10) S. 9, verwechselt das Todesjahr 1495 des Großvaters mit dem des Vaters.

nur etwa zwei Stunden Fußweg von Bebels Geburtsort entfernt. Die engere Heimat, ihre durch Alb und Donau geprägte Landschaft, blieb präsent das ganze Werk hindurch, insbesondere in den *Facetiae*[59] und den *Proverbia*[60], aber auch etwa im *Triumphus Veneris*[61]: mit den zahllosen Namen der kleinen Ortschaften und Städte, der Flüsse und Berge. Und die bewußte, heimatliche Landschaftsbindung schlägt sich nieder in Formulierungen wie: »In Montibus et Alpibus nostris Suevicis, non longe a pago Iustingensi«, oder wenn ein kleiner Flecken (Schmiecha) als »pagus iuxta patriam meam« erscheint.[62] Die Fülle der ausdrücklichen Bezugnahmen auf Herkommen und Heimat unterstreicht bei Bebel nicht nur das ›Verbürgte‹ der Geschehnisse und Erzählungen. Die Hinweise auf den heimatlichen »usus«, auf die »consuetudo«, bis in Sprachgewohnheiten hinein (die ja bei den *Facetiae* wie bei den *Proverbia* grundlegend sind), zeugen in der Art, wie sie gegeben werden, von Anhänglichkeit, ja Stolz, gerne auch in der generellen Fassung des »apud nos Suevos«. Zum Schwabentum bekannte sich Bebel sogar in seiner *Oratio* vor Maximilian.[63]

Nicht nur das Regionale und Landsmannschaftliche, auch das Soziale der Herkunft kehrte Bebel unüberhörbar als etwas Eigenes heraus. Er stammte vom Land, war Sohn eines »rusticus« und dadurch in seinem Wesen wie in seiner sozialen Perspektive geprägt. Für die *Comoedia* wurde dies zu einer entscheidenden Voraussetzung. Bebel betrachtete zwar, was er aus dem eingegrenzten ländlichen Leben erzählte, von der groben Dummheit bis zum schlauen Trick, durchaus mit der Attitüde des Wissenden, Durchschauen-

59 Die Beziehungen werden erschlossen durch den Kommentar der Ausgabe von Bebermeyer (Anm. 10) und der Übersetzung von Wesselski (Anm. 10).

60 Vgl. *Heinrich Bebel's »Proverbia Germanica«*, bearb. von W. H. D. Suringar, Leiden 1879.

61 Hierzu Hess (Anm. 15) S. 285.

62 Die beiden Zitate aus den *Facetiae*, Ausg. Bebermeyer (Anm. 10) S. 91 und 132.

63 Vgl. S. 103 f.

den und auch mit Typisierungen (etwa bei Munderkingen als dem schwäbischen Schilda). Aber es geschah nicht von oben herab. Bebel flüchtete weder in eine Idylle – wenngleich es idyllische und bukolische Elemente in seinem Werk gibt – noch gar in eine rousseauistische Emphase. Sein Verhältnis hat etwas ›Realistisches‹, und es ist bezeichnend, wie der *poeta laureatus* aus Justingen auf Neid und Mißgunst reagierte. Als er wegen seiner Abkunft (»stirps«) von einem Böswilligen angegriffen wurde, stand er in einer ebenso souveränen wie prinzipiellen *Apologia*[64] dazu, ein »rusticus« und »ignobilis« zu sein, so wie er sich Maximilian gegenüber öffentlich als »infimae condicionis humillimoque loco natus« bekannt hatte.[65] Ähnlich wie später der Bauernsohn Eobanus Hessus in seinem großen Rechenschaftsgedicht *Eobanus Posteritati*[66] setzte Bebel als entscheidenden Punkt dagegen: Die *virtus*, das Können, die Bewährung erst machen den Wert des Mannes aus (»Sola etenim virtus nobilitare solet«).

Das Ländlich-Bäuerliche aber war für Bebel nicht nur Hintergrund, Ausgangspunkt, sondern wurde ostentativ – und ganz unromantisch – von ihm mit moralischem Eigenwert versehen. Vom ›harten‹ Land stammt er, dort ist man ›fleißig‹, und man liebt die »simplicitas«.[67] In der Weise, wie die *Comoedia* den ländlichen Lebensbereich zeichnet, ist also beides präsent, die Kennerschaft *und* das Wertbewußtsein. Es wird kein ›Lob des Landlebens‹ verkündet und etwa gegen die Verderbtheit der Städte gesetzt. Die bäuerliche Welt wird mit ruhiger Selbstgewißheit vorgeführt, als eine zwar gebundene, aber nicht hermetisch in sich geschlossene. Vigilantius schafft es ja schließlich, weil er Talent und Lerneifer besitzt und weil Eltern und Verwandte sich für ihn

64 Im folgenden zitiert nach: *Opuscula nova*, Straßburg 1512, fol. ij^{v} f.

65 *Oratio*, fol. a ij^{r} (s. S. 109).

66 Abgedruckt in: *Lateinische Gedichte deutscher Humanisten*, Lateinisch/Deutsch, ausgew., übers. und erläut. von Harry C. Schnur, Stuttgart 1967, S. 210 ff.

67 *Oratio*, fol. a ij^{r}.

PRIMVS ACTVS.

Interlocutores Rapardus pater. Vigilantius filius. &
philologus Parętianus.

r APARDVS. Eamus fili amãtiſſime quęrere
dominũ philologum Parętianũ noſtrum con=
ſulturi. quo pacto tuam conditionẽ ampliorẽ
& nobiliorẽ reddamus. cum tu vnus ſis oim mortaliũ
qui ſenectutis noſtrę infirmitatem conſolari ſperaris.
Quare diu noctuq; in id nitar. vt tibi ad ſtudiũ & ĩcre=
mentũ tuũ adiumẽto eſſe poſſim. Sed eccũ Philologũ
ſua ſpõte ad nos properantẽ. ipſe eſt me Hercule. ibo
ſalutatum eum. Salue paſtor reuerende. PHIL. Et tu
parit mi Raparde. qbus de rebus ẽ tibi ſermo cũ filio
tã maturus & grauis. RAP. per oportune hic nobis
obuiã te dediſti bone paſtor. eram enĩ in itinere te in
ędibus tuis viſere. tuoq; cõſilio q̃ mihi iã maxĩe opus
eſt vti. PHILO. Ediſſere p̃cor quã ob cauſam. RAP.
Filius eſt mihi hic vt vides. qui cũ freq̃ntauerit om̃es
ſcholas triuiales. quę vulgo particularia nũcupantur
queq; celebres habentur per Germaniã Vlmę. Zui=
ckauię. Suollis & Dauentrię cupit. & precibus apud
me inſtat iam proficiſci. ad gymnaſium aliquod vni=
uerſale. Ego autẽ iuſtis filij deſiderijs non repũgnãs.
vellem apud te experiri. qua via & commoditate id
fieri poſſit. quem iam diu omniũ doctiſſimum ſimul
& harum rerum expertiſſimum. & predicãt & exiſti=
mant omnes compagani noſtri paſſim. PHILOLO.
Non ſum talis qui forſan predicor ab amicis. tamen ſi
quid in rem tuam efficere poſſum. nullum preterfu=
giam laborem. placet autem prius experiri ingeni=
um adoleſcentis. ex hoc enim ſanius conſilium dare

Beginn des Textes (1. Akt) der *Comoedia* aus dem Erstdruck von 1504

einsetzen. Er schafft es als einzelner, so wie es Bebel selbst geschafft hat:

»Solus ego coepi civiles discere mores,
Palladiasque sequi non rudis ipse scholas«.[68]

Die erste Stufe hierzu, die ihm die sozial bereits herausgehobene Position des Vaters ermöglichte, war der Besuch der nahegelegenen Stadtschule Schelklingen, einer offenbar angesehenen Anstalt (urkundlich zuerst 1418 erwähnt), die sogar einzelne Adlige zu ihren Schülern zählte. Auch sie taucht später verschiedentlich in Bebels Schriften auf, in Schelklingen ist er nach eigener Formulierung ›herangebildet‹ worden und hat die »primae litterae« gelernt.[69] Und wenn er sich an anderer Stelle einmal eines Mitschülers aus jener Zeit, eines »conterraneus Schelcklingensis« erinnert,[70] so wendet er sich, wie in Wimphelings *Stylpho* die beiden »conterranei ex scholis particularibus«,[71] zum Ausgangspunkt seiner Karriere zurück. Schelklingen gehörte zum Typus der »scholae triviales«, die, wie es zu Beginn der *Comoedia* heißt, »vulgo particularia nuncupantur« (S. 16). Die Schule vermittelte jedenfalls so viel Latein – und der Vater die entsprechende Unterstützung –, daß der junge Bebel schließlich auch ein »gymnasium universale«, eine Universität, anstreben konnte.[72]

Die Ausgangssituation des lernbegierigen Vigilantius in Bebels *Comoedia* ist so analog und so detailliert ausgemalt, daß man hier getrost von einem typisierten Selbstporträt sprechen kann. Doch den jungen Bebel lockte zunächst nicht das nahegelegene Tübingen, sondern offensichtlich das

68 Ebd.

69 *De abusione linguae latinae* (enthalten in dem Sammelband *Commentaria epistolarum conficiendarum*, Straßburg 1513), fol. XXXVIII^{v}.

70 *Facetiae*, Ausg. Bebermeyer (Anm. 10) S. 23.

71 *Stylpho*, Ausg. Schnur (Anm. 35) S. 8 (aus dem Argumentum).

72 Weitere Schulbesuche sind nicht sicher belegt; die Erwähnung Ulms innerhalb der *Comoedia* (S. 16) läßt jedenfalls keinen zwingenden Schluß zu (in Ulm ging übrigens Jacob Locher zur Schule).

akademische Wanderleben. Eine Zeitlang verliert sich die Spur. Spätere Äußerungen wie »Cum olim essem in Boemia« oder »Cum in Sarmatia essem«[73] deuten darauf hin, daß er sich nach Osten gewandt hat. Schließlich taucht er aus dem ›Dunkel‹ wieder empor, in Krakau – nur auf den ersten Blick überraschend. Die von den Jagiellonen 1364 gegründete Universität war nach Prag die zweitälteste Mitteleuropas und gewann in jenen Jahren neben Erfurt immer stärkeres Renommee als Zentrum humanistischer Bestrebungen. Hier hatte Conrad Celtis, aus Italien zurückkommend, in den Jahren 1489–91 seine mathematisch-naturwissenschaftlichen Kenntnisse vervollkommnet, hatte nach dem Vorbild italienischer Akademien eine seiner *sodalitates* gegründet und selbst über Aristoteles und über Poetik gelesen. Hier wirkte Laurentius Corvinus, der Kosmograph, Poet und Philologe. Und unter den zahlreichen Krakauer Studenten befanden sich nicht nur viele andere später namhafte deutsche Humanisten wie Johannes Grünpeck (1494), der sich dann wie Celtis und Bebel im Genre der *comoedia* versuchte, sondern auch ein Mann wie Nikolaus Kopernikus (seit 1491).

Anfang des Jahres 1492 wurde Bebel in die Matrikel der Universität aufgenommen als »Henricus Henrici de Bewinden diocesis [!] Constantiensis«.[74] Andere Studenten aus derselben Diözese waren damals in nicht geringer Zahl vertreten, darunter viele Schwaben.[75] Noch aus dem Jahr der Immatrikulation ist das erste von Bebel selbst datierte Gedicht überliefert, *Ad philomelam aviculam musicam*,[76] geschrieben »ex gymnasio Cracoviensi«. Laurentius Corvinus, selbst von Celtis mit neuplatonisch-humanistischen Ideen angeregt, scheint für den jungen Bebel – wie auch für

73 Beide Zitate aus den *Facetiae*, Ausg. Bebermeyer (Anm. 10) S. 82 und 8.

74 Heinrich Zeißberg, *Das älteste Matrikel-Buch der Universität Krakau*, Innsbruck 1877, S. 80.

75 Vgl. die Rubrik ›Schwaben‹ bei Zeißberg, ebd., S. 78 ff.

76 Enthalten in dem Sammelband *Oratio ad regem Maximilianum [...]* (Anm. 2) fol. r iiij^r ff.

Kopernikus – während der Krakauer Zeit der wichtigste Lehrer gewesen zu sein: »praeceptor meus observantissimus«, wie Bebel ihn noch einige Jahre später nannte.[77] Doch auch das Erlebnis der glänzenden Jagiellonen-Universität von internationalem Renommee muß den schwäbischen Bauernsohn tief beeindruckt haben; alle Äußerungen deuten darauf hin. Freilich waren in Krakau die ›modernen‹ humanistischen Tendenzen nicht unangefochten. Bebel lernte hier zum erstenmal akademische Fronten, Vorurteile und Positionskämpfe kennen, wie er sie dann später – mit wesentlich breiterer Erfahrung – in der *Comoedia* szenisch präsentierte.

Ob die bald sich abzeichnenden Rückschläge der humanistischen Bewegung in Krakau Bebels Abschied mit verursacht oder beschleunigt haben, jedenfalls kehrte er nach ungefähr zwei Jahren wieder in den deutschsprachigen Südwesten zurück. Er ging nach Basel, das namentlich seit der Periode des Konzils (1431–49) sich italienischen Einflüssen immer weiter geöffnet hatte und wo seit den sechziger Jahren nicht nur die *studia humanitatis* im Vordringen waren,[78] sondern auch besonders heftige Kämpfe zwischen Nominalisten und Realisten tobten. Bebel selbst ist, im Gegensatz zu vielen seiner Lehrer und Konkurrenten, nie in Italien gewesen. Das mag für seine stark regionale Bindung, wenngleich mit ›nationaler‹ Perspektive, bezeichnend sein. Was er sich bei seinen späteren literarischen Aktivitäten an italienischen ›Mustern‹ erwählte, insbesondere Poggio Bracciolini und Valla, scheint durch die Basler Zeit zumindest vermittelt worden zu sein. Die blühende Handels- und Universitätsstadt mußte ihm gewissermaßen zum Ersatz für eine Italienische Reise werden.

Im Jahre 1495 wurde »Heinricus Bebel Iustingensis dyoec. Const.« in die Matrikel der Universität Basel aufgenom-

77 So in der Widmungsvorrede zu der von Bebel in den Druck gegebenen *Cosmographia* des Corvinus (s. Anm. 80).

78 Vgl. Bonjour (Anm. 47) S. 94 ff.

men,[79] das genaue Datum seiner Ankunft steht nicht fest. Mit sich brachte er aus Krakau das Manuskript der *Cosmographia* seines Lehrers Laurentius Corvinus; das neue Zentrum der Buchdruckerkunst sollte wohl günstigere Vorbedingungen für eine Publikation bieten. Bebel erfüllte seinen Auftrag mit der nötigen Reverenz und widmete das Werk[80] dem humanistisch gebildeten Basler Kanonikus Hartmann von Eptingen (»humanissimo«) mit einer Prosa-Epistel und einem zwölfstrophigen *panegyricon* in sapphischen Hendekasyllaben. Es war die erste Buchwidmung des *poeta* Bebel.

Unter den humanistisch orientierten Gelehrten der Basler Hohen Schule wurde, neben dem Theologen Johannes Heynlin von Stein, Sebastian Brant für Bebel der interessanteste. Im Jahr vor Bebels Immatrikulation waren sowohl *Das Narren Schyff* als auch die frommen Heiligen-*Carmina* (1494) erschienen, 1495 erhielt Brant spät – er war 1492 bereits Dekan der juristischen Fakultät gewesen – die ersehnte besoldete Professur. Der Kreis um Brant, zu dem unter anderen auch Locher gehörte, dürfte mit seiner charakteristischen Offenheit für das ›Alte‹ *und* das ›Neue‹, bis hin zur ›Zweisprachigkeit‹, von hoher Attraktivität für Bebel gewesen sein. Blickt man von seinen später deutlich erkennbaren Neigungen auf die Basler Zeit zurück, namentlich von den *Facetiae*, den *Proverbia* und auch dem *Triumphus Veneris*, so dürfte ihn an Sebastian Brant vor allem die Verbindung von realistisch-satirischer Sichtweise und anspruchsvollem humanistischem Formwillen gereizt haben.[81] In Brant begegnete er nicht zuletzt auch einem leidenschaftlichen Anhänger Maximilians und des Reichsge-

79 *Die Matrikel der Universität Basel*, hrsg. von Hans Georg Wackernagel, Bd. 1, Basel 1951, S. 237.

80 *Cosmographia dans manuductionem in tabulas Ptolemaei*, o. O., o. J. (die Vorrede schließt mit den Angaben »ex Basilea 1496«). Vgl. auch *Gesamtkatalog der Wiegendrucke*, Bd. 7 (1938) Nr. 7799 (Sp. 182 f.).

81 Für den Doppelaspekt der lateinischen Tradition und der Volkssprache in Bebels Satire grundlegend Hess (Anm. 15) S. 259 ff.

dankens, also jenem Typus deutscher Humanisten der zweiten Generation, dem er später selbst als einem Ideal nacheiferte.[82] Die Fixierung auf Maximilian, der 1486 zum römischen König gewählt und dann seit 1493 mehr und mehr zur quasi-kaiserlichen Autorität geworden war, dürfte in Basel gefestigt, wenn nicht gar, nach der Krakauer Zeit, erst begründet worden sein. Gleich Bebels erster, 1496 gedruckter, schmaler Gedichtband enthielt bezeichnenderweise auch Verse *Ad Maximilianum contra Thurcos.*[83]

In Basel hat Bebel offensichtlich auch bereits begonnen, selbst »profiteri humaniores literas«, das heißt humanistischen Unterricht zu erteilen, unter anderem in der Kunst des regelgemäßen Briefeschreibens.[84] Solche ersten Lehrerfahrungen dürften ihn auch empfohlen haben, als man in Tübingen nach einem geeigneten Mann für die noch unbesetzte humanistische Lektur suchte. Sicher mitentscheidend waren die vielfältigen personellen Verbindungen zwischen der Basler und der Tübinger Universität, namentlich durch Johannes Vergenhans und Johannes Heynlin von Stein, die ja beide von Basel nach Tübingen übergewechselt waren und das frühe Erscheinungsbild der württembergischen Landesuniversität wesentlich geprägt hatten.[85] Und den so dezidierten Schwaben Heinrich Bebel aus Justingen konnte es schon verlocken, nach den Jahren der *peregrinatio* nun in heimatlicher Nähe eine längerfristige akademische Anstellung zu finden.

82 Zur Bedeutung der Basler Zeit unter diesem Gesichtspunkt auch Binder (Anm. 10) S. 30 f.

83 *Carmina* (s. Anm. 86).

84 *Commentaria epistolarum conficiendarum*, Straßburg 1513, fol. XXV^r. (Bebel vergleicht dort die Tübinger mit der Basler Lehrsituation.)

85 Haller (Anm. 10) Bd. 1, S. 14 ff.; Jens (Anm. 43) S. 27 ff.

VI

Bebel hat dem auch kräftig nachgeholfen, beginnend beim Landesfürsten Eberhard im Bart, der soeben (21. Juli 1495) vom Grafen zum Herzog erhoben worden war und dem auch beispielsweise Wimpheling aus diesem Anlaß ein *carmen heroicum* widmete. Drei Gedichte auf Eberhard eröffneten schließlich die Sammlung von *Carmina* Bebels, die 1496 in Reutlingen bei Greyff erschien:[86] eine ›Gesamtwürdigung‹, ein Lobgedicht auf die Erhebung zum Herzog und ein *epicedium* (Eberhard starb schon am 24. Februar 1496). Es folgte eine Reihe hyperbolisch-schmeichlerischer Gedichte auf einflußreiche Tübinger Gelehrte und auf die Universität selbst *(De laudibus plurimorum doctorum et studii Thuwingensis)*,[87] beginnend beim Rektor höchstselbst. Eberhard habe das Tübinger *studium* mit allem prächtig ausgestattet, der Ruhm der Fakultäten dringe bereits weit und »praesertim artium liberalium ita vigent studia ut nihil supra«. Die »alumni vestrae academiae«, so versicherte er dem Rektor, müßten aber dazu gebracht werden, sich »a Germanica barbarie« zu befreien und sich den »politiora studia quae humanitatis appellant« zuzuwenden.[88]
Die faustdicke Anbiederung ist datiert vom 22. Juli 1496, Bebels Aufnahme in die Matrikel war bereits am 2. April erfolgt.[89] Mit den *Carmina* beging er also seinen gedruckten ›Einstand‹ in Tübingen. Klassische Latinität in kunstvollen (bevorzugt sapphischen) Strophen als Instrument der Karriere – das war eine der ersten Erfolgserfahrungen Bebels, und es wurde zu einem Hauptpunkt seiner humanistischen Bildungspropaganda auch in der *Comoedia*. Die »condicio«

86 *Carmina de laudibus illustrissimi principis Ebrardi ducis de Wirtenberg et Theck*, Reutlingen 1496. Die näheren – auch verlagsgeschichtlichen – Zusammenhänge skizziert Hans Widmann, *Tübingen als Verlagsstadt*, Tübingen 1971, S. 11 f.

87 So auf dem Titelblatt der Sammlung. Detaillierte Titelaufnahme im *Gesamtkatalog der Wiegendrucke*, Bd. 3 (1928) Nr. 3751 (Sp. 584 f.).

88 *Carmina* (Anm. 86) fol. Aij^r.

89 Vgl. S. 120.

des jungen Vigilantius (es ist der gleiche Begriff, den Bebel in der Rede vor Maximilian auch auf sich selbst anwendet)[90] ansehnlicher und vornehmer zu machen ist für den Vater Rapardus das auslösende Motiv, mit dem das Stück beginnt (S. 16). Mit 24 Jahren hatte es Bebel also geschafft, eine akademische Stelle zu erobern. Und als er noch im gleichen Jahr die *Cosmographia* des Laurentius Corvinus seinem Basler Gönner Hartmann von Eptingen widmete, bedankte dieser sich bei Bebel als dem »Ordinario lectori poetices in universitate Thubingensi«.[91] Abgekürzt hieß er auch einfach der ›Poet‹. So verzeichnet etwa eine Landschreibereirechnung vom Jahr 1508, daß »dem poeten« zu Tübingen zehn Gulden ausgezahlt worden seien (es war ein einmaliges Geschenk des Herzogs).[92]

Die Lektur, die Bebel jetzt versah, war nicht nur zeitlich befristet und mußte während der mehr als zwei Jahrzehnte Tübinger Lehrtätigkeit mehrmals ausdrücklich verlängert werden, zuletzt 1515. Bebels akademische Funktion als ›Poet‹ blieb auch durchaus umstritten, galt manchem Kollegen als neumodisch, überflüssig, zeitvergeudend. Als Hintergrund für die Stoßrichtung der *Comoedia* ist dies nicht zu vergessen. Selbst in Basel gab es damals mehrfach Behinderungen der *studia humanitatis*, speziell der Beschäftigung mit Poesie. So wurde noch 1492 in den Fakultätsstatuten ein Verbot poetischer Vorträge bei den Disputationen der Bursen festgelegt, damit die Scholaren nicht vom ›Notwendigen‹ abgehalten würden.[93] In Tübingen erhielt Bebel immer wieder ungünstige Zeiten für seine Lehrveranstaltungen zugewiesen, und durch die Kollision mit den Stunden der Pflichtfächer wurden Studenten offenbar gehindert, Bebels ›überflüssige‹ Vorlesungen zu besuchen.[94] Der ›Poet‹ hat

90 *Oratio* (Anm. 2) fol. a ij^r.
91 *Cosmographia* (Anm. 80) fol. g vi^v.
92 Hauptstaatsarchiv Stuttgart, Bestand Landschreiberei-Rechnungen, Bd. 1508/09, fol. 67^a. Vgl. auch Haller (Anm. 10) Bd. 2, S. 84.
93 Bonjour (Anm. 47) S. 96.
94 Haller (Anm. 10) Bd. 1, S. 225 f.

sich mehrfach auch öffentlich darüber beschwert, so in der Rede *De necessitate linguae latinae.*[95] Ganz ›unten‹ mußte Bebel in seiner Überzeugungsarbeit (»persuasiones«) ansetzen, von der er mit Blick auf die Schulmeister am Schluß der Widmungsvorrede zur *Comoedia* spricht. Nicht einmal eine saubere *latinitas* wurde von manchen der Herren Kollegen aus den oberen Fakultäten als notwendig anerkannt, geschweige denn Studium und Übung der Poesie.

Die Kunst des Briefeschreibens, *ars epistolandi* oder auch *dictaminis*, die er offenbar schon in Basel zu unterrichten begonnen hatte, scheint von ihm auch in Tübingen zunächst als besonders geeignetes, praktisch anwendbares Grundlagenfach betrieben worden zu sein. Die *Commentaria epistolarum conficiendarum* (1500) waren denn auch sein erstes Lehrbuch, das er drucken ließ und das zu seinen Lebzeiten nicht weniger als zwölfmal aufgelegt wurde.[96] Die *artes dictaminis*, lateinisch und dann zunehmend auch in der Muttersprache, waren ja das breiteste Einfallstor antik-mittelalterlicher rhetorischer Tradition gewesen, und hierauf hatten sich vom Frühhumanismus an immer wieder Reformbestrebungen konzentriert. Für Bebel wie für viele Gleichgesinnte seiner Generation war es dann fast ein Akt der Pflicht – und der Praxisbindung –, eine eigene Brieflehre zu schreiben. Neben dem Insistieren auf der ›sauberen‹, antiken Latinität der Cicero, Plinius und Seneca ist vor allem das Arbeiten mit vielen illustrativen Beispielen (und Gegenbeispielen!) für Bebels Methode charakteristisch. Die *Comoedia* demonstriert auf ihre Weise nicht nur das Präsentsein vieler antiker Briefstellen, besonders aus Seneca, sondern auch die wie beiläufige Integration ins Gespräch. Daß Brief

95 Abgedruckt, aus einer Handschrift, bei Zapf (Anm. 10) S. 291 ff. Zur Datierung siehe Haller (Anm. 10) Bd. 2, S. 82*.

96 Die Drucke bei Zapf (Anm. 10) S. 96 ff.; Goedeke ²I, S. 438; *Deutscher Gesamtkatalog*, Bd. 14 (1939) Sp. 160; *Index Aureliensis*, Prima pars A/10 (1966) S. 400 ff. Zur Druckgeschichte (die *Commentaria* waren das erste Buch, das Thomas Anshelm in Tübingen druckte) vgl. Widmann (Anm. 86) S. 19 f.

und Gespräch, *epistula* und *colloquium*, in ihrer Sprachgebung aufs engste miteinander verbunden sind, ist bereits antike Theorie, überliefert unter anderem bei Seneca.[97] Und bezeichnenderweise verarbeitet Bebel eine bestimmte Seneca-Briefstelle (*Epistulae morales* 6,6) in seiner Widmungsvorrede (S. 6) ebenso wie in den Worten des Paraetianus am Ende des 1. Akts (S. 26).[98]

Die *poetice*, also das, was den *poeta* als Krönung seines humanistischen Auftrags auszeichnet und worauf Vigilantius durch den Magister eigens hingewiesen wird – sogar mit Angabe der Uhrzeit (S. 40)[99] –, hat Bebel zunächst vor allem ›verteidigen‹ müssen. Aus dem Jahr 1495 bereits stammt der Hexameterdialog *Contra vituperatores poetarum*,[100] in dem eine Reihe traditioneller, vor allem moralischer Vorwürfe zurückgewiesen wird; die Wechselreden lesen sich in mancher Hinsicht wie ein Vorspiel zur *Comoedia*. Und solche *apologiae* oder *defensiones* blieben bis in die späten Jahre Leitmotiv des Bebelschen Werks und wohl auch seines Unterrichts. Das Handwerkliche der *poetice*, die Vers- und Strophenlehre vor allem, hat Bebel erst einige Jahre nach der Brieflehre veröffentlicht. Die *Ars versificandi et carminum condendorum*, zuerst 1506, wurde wie ihr epistolographisches Gegenstück zu Lebzeiten Bebels zwölfmal aufgelegt,[101] auch sie hatte sich neben einer größeren Zahl vergleichbarer Lehrbücher zu behaupten (das erste Buch des Celtis war eine *Ars versificandi et carminum*, 1486, zweifellos eines der Vorbilder Bebels). Hier war das Gebotene, gemessen an der immer wieder von Bebel betonten ›Würde‹

97 Seneca, *Epistulae morales* 75, 1 ff.

98 Vgl. den Kommentar zu den beiden Stellen.

99 Es ist vielleicht nicht ganz auszuschließen, daß in dieser auffälligen Angabe eine Anspielung auf die ungünstigen Vorlesungszeiten des *poeta* steckt.

100 Gedruckt in dem Sammelband *Opuscula nova*, Straßburg 1509 [u. ö.].

101 Die Drucke bei Zapf (Anm. 10) S. 155 ff.; Goedeke ^{2}I, S. 438 f.; *Deutscher Gesamtkatalog*, Bd. 14 (1939) Sp. 160. Die obige Titelform setzte sich durch, es gibt jedoch auch kürzere Varianten (*Ars condendorum carminum*, Leipzig 1513).

der Poesie, sehr elementar, sehr handwerklich. Immerhin gaben die ostentativ beigebrachten Klassikerbeispiele, besonders aus Horaz, Vergil und Ovid, dem trockenen Stoff etwas ›Glanz‹, ›Geist‹ *(spiritus)*.
Den Widerspruch zwischen dem, was Bebel an Größe und Bedeutung der *humaniora* hervorzukehren nicht müde wurde, und dem Alltag des humanistischen Unterrichts kann man sich nicht kraß genug vorstellen. Die meisten Studenten wurden offensichtlich von ihrem Pflichtprogramm weitgehend okkupiert. Und von den Schulen brachten die Interessierten nur ausnahmsweise eine solide Grundlage wenigstens im Lateinischen mit – selbst wenn das in der *Comoedia* gezeichnete Bild des Schulunterrichts (besonders im 1. Akt) tendenziös übertrieben sein mag. Der Schluß der Widmungsvorrede läßt an den ›einheimischen Schulmeistern‹ kein gutes Haar. Um so entschiedener war der *poeta* Bebel darauf angewiesen, nicht nur durch seinen Unterricht, sondern vor allem durch die eigenen *exempla* das Ideal der *litterae politiores* immer wieder zu demonstrieren und hochzuhalten. Auch die enge Verbindung mit der christlichen Überlieferung, ja mit der Frömmigkeit des Alltags wollte berücksichtigt sein. So war es gewiß nicht ohne ›strategische‹ Absicht, daß Bebel gleich nach der Brieflehre einen *Liber hymnorum in metra noviter redactorum* (1501) erscheinen ließ: eine Sammlung umgearbeiteter, in zum Teil kunstvolle Strophenformen gefaßter alter Kirchenlieder. Er widmete sie keinem Geringeren als Friedrich von Zollern, dem Bischof von Augsburg. Angeschlossen war noch eine kurze, lemmatisch geordnete Erklärung schwieriger Ausdrücke in den Hymnen, verfaßt durch Heinrich Bebel aus Justingen »poeticam et humaniores litteras publice profitentem in gymnasio Thübingensi«.[102] Dieser *Brevis expositio* wiederum geht ein Widmungsbrief an Johannes Vergenhans voraus, »iuris pontificii et omnis litterariae disciplinae antistitem et patronum«

102 So auf dem Zwischentitelblatt zur *Brevis expositio difficilium terminorum in hymnis [. . .]*, Tübingen 1501.

(außerdem Propst der Tübinger Stiftskirche und Kanzler der Universität). Es sind die gleichen huldigend-werbenden Formulierungen, mit denen dieser Freund und Schutzherr der *litterae* auch in der Widmungsvorrede zur *Comoedia* bedacht wird (S. 8).

Nicht genug der Rückversicherung bei Kirche und Universität, bei frommen und humanistischen Förderern: zwischen den *hymni* und ihrer Erklärung ist noch eine prosaische *Apologia et defensio poeticae et oratoriae maiestatis* eingefügt, mit einer weitausholenden Legitimierung von Poesie und Rhetorik aus der Antike und den Kirchenvätern.[103] Und auf die *Brevis expositio* folgen wiederum, den Sammelband beschließend, umfangreiche dialogische *Annotationes* zu Vokabelproblemen in dem berühmt-berüchtigten Elementarlexikon des ›Mammetractus‹.[104] Die Einbettung der *Comoedia* in Bebels universitäre Situation als Tübinger *poeta* kann schlaglichtartig kaum treffender gekennzeichnet werden als durch diesen 1501 erschienenen Sammelband. Der junge Inhaber der humanistischen Lektur, Bauernsohn von der Alb, mit Verve gegen Gleichgültigkeit und Vorurteile angehend, mußte triviale Kleinarbeit, buckelnde ›Beziehungspolitik‹ und hochfliegende Bildungspropaganda zugleich treiben.

VII

Maximilian hatte den engagierten *poeta* und reichstreuen Anhänger durch Verleihung des Dichterlorbeers auf ein Podest gehoben, von dem aus die Bildungspropaganda mit neuem Impetus und neuer Möglichkeit der Resonanz fortgeführt werden konnte. Die *Comoedia de optimo studio iuvenum* des Herbstes 1501, vor der versammelten Tübinger Universitätsöffentlichkeit gespielt, bedeutete eine Fortset-

103 Der Zwischentitel hat die Form: *Apologia et defensio poetices Heinrici Bebelii ad iuventutem Germanam.*

104 Das Pseudonym begegnet auch in anderen Formen, wie ›Mammotreptus‹.

zung in einem neuen Medium. Für das Tübinger akademische Publikum war diese Form der dialogisch rezitierten Humanistenwerbung ebenso ein Novum wie knapp anderthalb Jahrzehnte zuvor in Heidelberg, als Jakob Wimpheling im Rahmen einer Lizentiatenpromotion der Artistenfakultät seinen *Stylpho* vorführte (1487).

Neben den Vorbildern und Konkurrenten Celtis, Locher, Grünpeck ist es, wie sich bereits zeigte,[105] vor allem Wimpheling, zu dessen Stück deutliche Verbindungslinien führen. Bebel dürfte es bereits in Basel kennengelernt haben. Dort war der Druck 1494 bei demselben Bergmann von Olpe erschienen, der zwei Jahre später (1496) auch die von Bebel betreute *Cosmographia* des Laurentius Corvinus herausbrachte. So ist es mehr als wahrscheinlich, daß sich der in Basel studierende und dann selbst lehrende Bebel für dieses neuartige Produkt der *studia humanitatis* interessierte. Bei seinen Tübinger Zuhörern konnte Bebel eine Kenntnis der neuen halbdramatischen Form – und sei es auch aus der Lektüre eines *exemplum* von Celtis oder Locher[106] – nur sehr bedingt voraussetzen. Eine Brücke boten allenfalls die langen, belehrend-deklamatorischen Redepartien des Magisters, dann des Höflings (im 4. Akt) und vor allem des Dichters (besonders im 5. Akt), ähnlich wie etwa die lange Programmrede des Marcus über *oratoria* und *poetica* in Kerckmeisters *Codrus* (13. Szene). Sie knüpften in Thematik und Stilgebung, wenngleich dem Umfang nach verkürzt, an jene *orationes* und *declamationes* an, die Bebel selbst im Unterricht wohl gelegentlich mit Studenten übte und für die er von Zeit zu Zeit auch selbst ausgeführte Musterbeispiele öffentlich vortrug. Die *Apologia et defensio poeticae ac oratoriae maiestatis*, im gleichen Jahr 1501 gedruckt, war ein solches Beispiel.

105 Vgl. S. 114.

106 Im Druck waren diese Texte bereits zugänglich, aber die Zahl derer, die sich in Tübingen schon an deren Studium gemacht hatten, dürfte gering gewesen sein (Vergenhans, Heynlin von Stein, einzelne Studenten?).

Vertraut war den Zuhörern natürlich auch die Form der *disputatio*, wie sie ›regelgerecht‹ der Eingang des 5. Akts zwischen Chrysippus und Leucippus zeigt. Disputatorische Verfahren beherrschten ja den Universitätsunterricht sehr weitgehend auch in den oberen Fakultäten.[107] Aber die dialogischen Partien der *Comoedia* sind nicht durchgängig disputatorisch angelegt, selbst wenn etwa in dem Prüfungsgespräch zwischen Vigilantius und dem Gelehrten im 1. Akt ›Rituelles‹ durchscheinen mag.

Den wichtigsten Traditionshintergrund für die Form der *Comoedia* bilden, neben den *disputationes* und *orationes* und neben den Elementen der *palliata*, die sogenannten Schülerdialoge. Als eine Grundform des mittelalterlichen Sprachunterrichts, für die humanistische Latinitätspflege früh adaptiert, sind sie in ihrer Funktion bei der Entstehung und Entwicklung des Humanistendramas seit langem bekannt.[108] In der *Comoedia* werden einzelne ihrer Züge noch fast in ›Rohform‹ greifbar. Wenn im 1. Akt der Gelehrte das Latein des Vigilantius kritisiert und korrigiert, ganz ähnlich wie gleich in der 3. Szene des *Codrus* und im Prüfungsdialog (3. Szene) des *Stylpho*, dann dürften die meisten Zuschauer oder Leser dies mit ihrer eigenen Schulerfahrung – und gewiß auch zum Teil mit der Universitätspraxis – verbunden haben. Den komischen Effekt des fehlerhaften Küchenlateins, bereits als pädagogischer Kniff höchst beliebt, hat Bebel auffällig wenig ausgespielt – in keiner Weise vergleichbar etwa mit dem schauerlichen Radebrechen des Codrus, über das die ›humanistischen‹ Studenten Baldus und Bartolus Hohn und Spott ausgießen, oder ver-

107 Für die Tübinger Verhältnisse vgl. Haller (Anm. 10) Bd. 1, S. 114 ff.

108 Außer der in Anm. 28 genannten Literatur sind speziell heranzuziehen: Aloys Bömer, *Die lateinischen Schülergespräche der Humanisten*, Berlin 1897; Johannes Maassen, *Drama und Theater der Humanistenschulen in Deutschland*, Augsburg 1929; Gerhard Streckenbach, *Stiltheorie und Rhetorik der Römer im Spiegel der humanistischen Schülergespräche* (Diss. Berlin 1931), Göttingen 1979.

gleichbar mit den »soloecismi et barbarismi«, die Nicodemus Frischlins *Priscianus vapulans* dem Tübinger Universitätspublikum zum Jubiläumsjahr 1577/78 *ad aures* demonstrierte.[109] Bebel beschränkt die durch Syntax- und Wortschatzfehler, besonders auch Germanismen gekennzeichneten Partien im wesentlichen auf den Schüler Vigilantius *vor* seinem Universitätsbesuch und auf den noch ›zurückgebliebenen‹ Lentulus (4. Akt).

Die historische Linie vom demonstrativ verballhornten Latein innerhalb der humanistischen Schülerdialoge zu den *Epistulae obscurorum virorum* ist oft gezogen worden. Bebel steht zweifellos in dieser Linie (und wird von einem der *obscuri* ja auch unter den Gegnern genannt)[110]. Er gewinnt durchaus satirische Effekte[111] aus dem fehlerhaften Latein wie aus den leerlaufenden Spitzfindigkeiten der *disputatio* zwischen Chrysippus und Leucippus. Auch die Namengebung des Lentulus (des ›etwas Langsamen‹) oder gar des obskuren Schulmeisters Jacobutius Smaltzhaff (S. 20) ähnelt Techniken der ›Dunkelmännerbriefe‹.[112] Doch kann man nicht sagen, daß diese Züge den sprachlichen Gesamtduktus der *Comoedia* bestimmen. Eher ist es so, wie man es gelegentlich am *Stylpho* und auch etwa an Grünpecks *comoediae* als auffällig beobachtet hat: daß im Grunde das vorbildhaft gute Latein dominiert. Vincentius und Stylpho sprechen partienweise (gleich in der 1. Szene) fast auf derselben kolloquialen Stilebene, mit gelegentlichen charakterisierenden und zugleich oft komisch wirkenden ›Aufschwüngen‹. Vigilantius erscheint, etwa in der ersten längeren Partie, in der er über sein Lernpensum berichtet (1. Szene, S. 18),

109 Das Stück wurde zu Beginn des Jahres 1578 aufgeführt, der Druck erschien in Straßburg 1580 (von den »soloecismi et barbarismi« ist schon auf dem Titelblatt die Rede).

110 *Epistulae obscurorum virorum* II,9 (Ausg. Böcking).

111 Hierzu ausführlich und sehr erhellend Hess (Anm. 15) S. 316 ff.

112 Vgl. etwa die Namen »Magister Bertholdus Hackstro«, »Henricus Schaffsmulius« und »Magister Philippus Schlauraff« (es ist gerade derjenige, der Bebel als einen der Tübinger ›Schlimmen‹ aufs Korn nimmt).

nicht als der total fehlgeleitete Anfänger, der er nach den Worten des Gelehrten eigentlich sein müßte.

Bebel hat die satirisch-sprachkomischen Elemente gewissermaßen nur eingestreut, aber nicht beherrschend werden lassen. Dadurch ist zugleich die Wendung zum ›Positiven‹ plausibler offengelassen, bei Vigilantius, aber auch bei dem ›zurückgebliebenen‹ Lentulus: er ist schließlich bereit, seine Vorurteilsgebundenheit einzusehen, und behauptet, er habe nur aus Freundschaft und Spaß provoziert (Ende des 4. Akts). Selbst die Repräsentanten des scholastischen Leerlaufs, Chrysippus und Leucippus, setzen sich dem Urteil des ›Dichters‹ aus und lassen sich faktisch durch ihn ›versöhnen‹ (5. Akt). Der Ausgang des Stücks ist in jedem Falle, fast überdeutlich, positiv. Und da auch in seinem Binnenverlauf nirgendwo der Klageton dominiert – anders als etwa in Lochers *Tragedia de Thurcis et Suldano*[113] –, ist die Gattungsbezeichnung *comoedia* schon von daher gerechtfertigt.

Einen komödiengemäßen sozialen Bereich bieten nahezu in Reinform die beiden ersten Akte mit der bäuerlichen Welt des Rapardus und seiner Angehörigen und Freunde. Obwohl sie dann mehr und mehr als charakterisierendes Ambiente zurücktritt zugunsten der universitären Welt und obwohl mit dem Höfling des Königs eine ›hohe‹ Figur das Personal erweitert, bleibt doch innerhalb des tradierten Dualismus der dramatischen Gattungen nur *comoedia* als Bezeichnung (zur *tragicocomoedia*, seit Plautus' *Amphitruo* ebenfalls in der Tradition verfügbar, besteht kein Anlaß).

Der Begriff *comoedia* steht auf dem Titelblatt des Sammelbandes Pforzheim 1504, der den Erstdruck enthält. Vor der Widmungsrede lautet der Titel lediglich *De optimo studio iuvenum*. Zu Beginn der Schlußpartie dieser Vorrede aber wendet sich Bebel an Ludwig Vergenhans: »Accipe nunc dialogum de optima adolescentum institutione« (S. 10). Die

113 Dort verteidigt Locher im Epilog ausdrücklich die Gattungsbezeichnung, obwohl mehrere Grundforderungen an die *tragedia* nicht erfüllt sind (vgl. auch Creizenach [Anm. 28] S. 30 f.).

Drucke Zwolle um 1506 (B) und Köln um 1517/20 (E) setzen dann *dialogus* jeweils in den Titel, und im Sammelband Straßburg 1513 (D) heißt es *Comoedia vel potius dialogus de optimo studio scholasticorum.*
Das Schwanken der Gattungsbezeichnungen hat einen Aspekt der ›dramatischen‹ Struktur und einen der Tradition. Zweifellos fehlt dem Stück eine *fabula* von jener knappen, ausgeprägten Art, wie sie Reuchlins *Henno* besitzt. Die sich abzeichnende ›Handlung‹, soweit sie auf den Weg des Vigilantius ausgerichtet ist, reicht bis in die erste Hälfte des 4. Akts. Dann verschwindet diese Figur ganz (mit dem Auftreten des Höflings, S. 50), prinzipielle Fragen des Studiums und ausgeführte Lehrvorträge des Höflings und des ›Dichters‹ dominieren immer mehr – schon vorher haben die *orationes*, *declamationes* und *disputationes* mehrfach die Szene bestimmt. Ihren gewohnten Platz besaßen sie in den Schülerdialogen, von denen niemand eine profilierte ›Handlung‹ erwartete. Von daher ist die Bezeichnung »comoedia vel potius dialogus« sowohl verständlich wie angemessen. Aber sie gilt nicht nur für das Bebelsche Stück.
Was sich phänomenologisch als Mischform darstellt, ist zugleich historische Übergangsform. Wimpheling hat mit der Begründung und Charakterisierung seines Pionierwerks *Stylpho* ganz ähnliche Probleme, wie sie sich bei Bebels »comoedia vel potius dialogus« zeigen. Wimpheling nennt in der Einleitungsrede sein Stück »fabulam, quin potius historiam«,[114] und im Grunde gelten diese Doppelformeln *mutatis mutandis* für alle diese Exempel des Übergangstypus, auch für den *Codrus*, für die *comoediae* Grünpecks und etwa für die *Teratologia* (1507) des Thilemann Conradi (Thiloninus Philhymnus).[115] Die Frage der Gattungszuweisung entscheidet sich jedoch nicht nur nach Merkmalen und

114 Ausg. Schnur, S. 6.
115 Das Stück, *comoedia* genannt, handelt laut Creizenach (Anm. 28) S. 29 »de latini sermonis sanie« und ist stark deklamatorisch bestimmt; vgl. auch Rupprich (Anm. 28) S. 635.

Traditionen, wie sie uns für die *comoedia* (oder auch *fabula*) heute als charakteristisch erscheinen, sondern auch nach dem Lektürezweck, ja ›Verwendungszusammenhang‹ zur Zeit Bebels.

In einem *opusculum*, das in dem Sammelband von 1513 der *Comoedia* unmittelbar vorausgeht, *Qui auctores legendi sint*[116] (gewidmet Johannes Vergenhans, dem Bruder des *Comoedia*-Adressaten), schiebt Bebel unter die Prosa-Autoren auch die Komödie ein: »Nec comoedia pueris deneganda [...], quae teste Quintiliano plurimum ad eloquentiam conferre solet«.[117] Besonders Terenz sei hier zu wählen, da er »ad communem sermonum usum est accommodatissimus«.[118] Dieser – gewiß nicht originelle oder individuelle – Aspekt des *usus* ist für das Gattungsproblem von Bedeutung. Über die äußeren Merkmale hinaus, die sich am Muster der *palliata* orientieren (Argumentum, Prolog, Akte, Szenisches usw.), auch über den ›positiven‹ Ausgang und den ›niederen‹ Sozialbereich der Komödie hinaus rückt hier das Bebelsche Stück in einen pädagogischen Kontext, der für die humanistische Zielsetzung nicht peripher, sondern zentral ist. Natürlich sieht Bebel die spezifische Differenz seiner *Comoedia* gegenüber der kunstvollen, versifizierten Form der *palliata* eines Plautus oder Terenz – oder des Reuchlinschen *Henno*. Aber im Gesamtbereich der aktiven Latinitätspflege, verglichen mit den vielfältigen anderen Gattungen und Übungsformen (Lektüre und Produktion von Briefen, Gedichten usw.), erhält sein szenisch-rezitativisches Stück einen Platz am ehesten in Nachbarschaft zur tradierten – und eben in jenen Jahrzehnten, von Italien her,

116 So der gelegentlich auch von Bebel selbst verwendete Kurztitel. Vor der Widmung steht: *Qui auctores legendi sint novitiis ad comparandam eloquentiam et qui fugiendi*, vor dem Text: *Qui auctores legendi sint ad eloquentiam comparandam.*

117 Fol. A ij^{v}.

118 Ebd. Später, am ›systematischen‹ Ort unter den Dichtern, gibt er dann noch die traditionelle Begründung, daß die *comici* durch alle *personae* und *affectus* führen (fol. B iij^{r}).

wieder›belebten‹ – *comoedia.* Von der Übungspraxis des Schulhumanismus aus gesehen, ist das Stück auch wiederum *dialogus*, aber ein szenisch erweiterter, mit Handlung versehener und öffentlich aufgeführter: in diesem Sinne »comoedia vel potius dialogus«.

VIII

Annähernd genau zwei Jahre nach der Aufführung der *Comoedia* hielt Heinrich Bebel zur Eröffnung seiner Tübinger Vorlesung über Vergils *Bucolica* eine öffentliche *Oratio de utilitate latinitatis* (der Druck folgt in dem Sammelband von 1513 unmittelbar auf die *Comoedia*).[119] *Comoedia* und *Oratio* stehen als zwei verschiedene ›publizistische‹ Formen im gleichen Funktionszusammenhang der universitären Propaganda für die *studia humanitatis.* Fast provokatorisch führt Bebel die Erörterung der *utilitas* ausgerechnet anläßlich Vergils. Vergil ist Inbegriff der Poesie auch in der *Comoedia*, er bedeutet den Gipfel und zugleich den Anfang, und dies sehr wörtlich. Es ist ein Lieblingsargument Bebels, daß in der Antike bereits den »parvuli« Vergil vorgesetzt wurde; der Gedanke begegnet in der *Comoedia* (S. 24) und in der *Oratio de utilitate latinitatis*[120] mit fast identischer Formulierung. Der Gelehrte erinnert daran bereits im 1. Akt als Kontrastbeispiel zur jammervollen Situation in Deutschland.

Aber wieso bringt Vergil-Lektüre dem Heranwachsenden *utilitas*? Die Argumentation ist weder in dem Stück noch in der Rede völlig in sich geschlossen. Für den Gelehrten im 1. Akt ist Vergil in erster Linie Inbegriff der Dichtung überhaupt, sie jedoch verleiht erst der Rede den eigentlichen Glanz. Für den Höfling im 4. Akt gehört das Studium der

119 *Oratio Henrici Bebelii poetae de utilitate latinitatis et quae res faciat pueros eloquentes et doctos, habita in studio Tubingensi in principio Bucolicorum Virgilii anno MD III. XIIII. Kalendas Novembras* (Blattzählung im Anschluß an die *Comoedia*, fol. D ij^{r} ff.).

120 Fol. D iiij^{v}.

Poesie zu den Voraussetzungen der *eloquentia*, und erst sie verheißt Wirkung, Erfolg. Der Höfling situiert diesen Erfolg – und damit den ›Nutzen‹ – im politischen Bereich, der die Kirchenpolitik und die klerikale Karriere einschließt (vgl. den Innsbrucker Vorfall, von dem er berichtet). In der *Oratio de utilitate latinitatis* konzentriert sich Bebel, vom universitären Kontext her überzeugend, auf die Berufe der Juristen und Theologen; und es fällt ihm nicht schwer, die Bedeutung eines guten, sauberen, glänzenden Lateins in vielen Situationen einsichtig zu machen. Selbst wenn ein Advokat in der Muttersprache reden will (»vernaculus esse«),[121] braucht er die Rhetorik aufs dringendste – aber natürlich helfen ihm hier als Muster in erster Linie die Prosaiker, Cicero, Livius und andere.

Die Auswahl der musterhaften antiken Schriftsteller ist in der *Comoedia* wie in der *Oratio*, aufs ganze gesehen, durchaus nicht abweichend von dem, was in den Propagandaschriften dieser Humanistengeneration auch sonst begegnet. Quintilian, speziell das 10. Buch der *Institutio oratoria*, ist der wichtigste ›Ratgeber‹, wie auch in der Schrift *Qui auctores legendi sint*. Cicero steht eindeutig an der Spitze der Muster in der *oratio soluta*, Livius wird hochgeschätzt, Seneca mit seinen Briefen besonders oft und ausgiebig zitiert (aber Tacitus nicht als Stilvorbild).[122] Lateinische Kirchenväter werden gerne als Gewährsleute herangezogen, besonders Laktanz (»noster Christianus Cicero«, S. 66). Und in den Empfehlungen von *Qui auctores legendi sint* kommen nicht nur eine Fülle von Kirchenvätern hinzu, sondern auch zahlreiche Italiener, von Petrarca und Boccacio über Poggio Bracciolini und Valla bis zu Filelfo und Guarini.[123] Hier wird, im Vergleich, das Werbend-Einführende der *Comoedia*

121 Fol. D ij^v.

122 »Cicero prae omnibus et ante omnes pedestris orationis scriptores [...] legendus est« (*Qui auctores legendi sint*, fol. A ij^r; zu Livius, Seneca und Tacitus fol. A iij^r).

123 Vgl. die lange Liste fol. B ij^r f.

deutlich erkennbar: kein einziger dieser Neueren taucht auch nur mit Namen auf, die Rücksichtnahme nicht zuletzt auf den Schüler Vigilantius hat diese radikale Beschränkung bestimmt.

Die entschiedene Hervorkehrung der antiken Muster und ihrer Latinität hat programmatischen Charakter. Um so schärfer ist, auf dem Feld der Grammatik, die Ablehnung des Alexander de Villa Dei mit seinem *Doctrinale*, des Donat und anderer ›überholter‹ Lehrbuchautoren – ein Lieblingsthema sowohl der humanistischen Schülerdialoge (etwa des *Manuale scholarium*, um 1490) wie auch des *Codrus* von Kerckmeister oder der *comoediae* von Grünpeck. Bei Bebel taucht gleich in der ersten Szene, als der Gelehrte den Vigilantius nach seinem bisherigen Lernpensum ausfragt, das Thema ›Alexander‹ auf. Der Gelehrte übt heftige Kritik am veralteten Grammatikunterricht, vor allem an der Überwucherung durch logisch-semantische Spielereien, und lobt demgegenüber den ›Altmeister‹ Priscian. Eine neue Grammatik hat er – bezeichnenderweise? – noch nicht anzubieten, Bebel selbst hat sich an ein solches Werk ebenfalls nicht gewagt. Wie groß der Bedarf damals tatsächlich aber war, an Schule wie Hochschule, zeigte sich, als Bebels Tübinger ›Schüler‹ und Freund Johannes Alexander Brassicanus 1508 seine *Institutiones grammaticae* herausbrachte und dann binnen zwölf Jahren immerhin 15 Auflagen erreichte.[124]

Die an klassischen Mustern orientierte Grammatik ist das Fundament dessen, der ein *latinus* werden will;[125] und daß

124 Im Jahre 1506 hatte Jacob Henrichmann, ebenfalls aus dem Kreis um Bebel, bereits *Grammaticae institutiones* veröffentlicht (mit ihnen findet man bezeichnenderweise häufig Bebels *Ars versificandi* zusammengebunden). Für die hier nicht näher zu behandelnde Verknüpfung mit dem Schulunterricht – Bebel selbst hatte auch Beziehungen zu Schulmeistern am Ort – vgl. Rudolf Stahlecker: »Beiträge zur Geschichte des höheren Schulwesens in Tübingen«, in: *Württembergische Vierteljahrshefte für Landesgeschichte* N. F. 15 (1906) S. 1 ff., bes. S. 4 ff.

125 Der Gelehrte spricht dem fehlgeleiteten Vigilantius sogar rundheraus ab, auch nur ein »grammaticus« zu sein (S. 22).

es an der sauberen und gewandten *latinitas* fehlt, ist auch der Grund, weshalb der Bittsteller in der aus Innsbruck berichteten Szene (4. Akt) gleich beim ersten Anlauf vor dem Kardinal Peraudi scheitert. Mit dem Thema Grammatik setzt die Bildungspropaganda der *Comoedia* ein, in einem Lob der Dichtung gipfelt sie. Aber die Dichtung zieht ihren Wert nicht nur daraus, daß ihre Vielfalt und Prägnanz des Ausdrucks der prosaischen Rede den wahren Glanz, den *spiritus* der *eloquentia* verleiht. Es geht Bebel entschiedener noch um den moralischen Wert der Poesie, und er legt keinem Geringeren als dem Höfling des Königs die Verteidigung und das Lob der Poesie in den Mund. Das ist bemerkenswert. Verglichen mit der oft scharfen humanistischen Höflingsschelte[126] ist dieser Höfling fast eine Castiglione-Gestalt, jedenfalls interpretierbar in einer Linie, die auf den *Libro del Cortegiano* (1528) hinführt: eine Verkörperung der Synthese von höfischer Souveränität, Machtbewußtheit und zugleich von anspruchsvoller Bildung in den *humaniora*. Natürlich ist auch Bebelsche Taktik hier im Spiel, Maximilian steht als idealer *patronus* dahinter, und dem universitären Publikum auf der anderen Seite soll das Metier des *poeta* als hochrangig, als von Hohen geachtet plausibel und damit attraktiv gemacht werden.

Verteidigung und Lob der Poesie ist ›Berufspflicht‹ des *poeta*. Es ist ein Kardinalpunkt jeder humanistischen Programmschrift in Bebels Generation, sei es in der Form der *oratio*, des *carmen* oder hier der *comoedia* bzw. des *dialogus*. Im *Codrus* singt Marcus das Lob der *poetica* (und der *oratoria*), im *Henno* singt es der Chor, im *Ludus Dianae* der »poeta laureandus«.[127] Fast überall sind *laus* und *defensio* (oder *apologia*) voneinander untrennbar, auch bei Bebel,

126 Vgl. Helmuth Kiesel, ›*Bei Hof, bei Höll*‹. *Untersuchungen zur literarischen Hofkritik von Sebastian Brant bis Friedrich Schiller*, Tübingen 1979, S. 21 ff.

127 Nicht zufällig fehlt es fast ganz im *Stylpho* des ›konservativeren‹ Wimpheling, auch wenn der »vates« die institutionelle »conclusio« spricht.

und bei ihm wird schon früh offenkundig, daß er nicht etwa bloß taktische Scheinfronten aufbaut. Wenn dem frommen *Liber hymnorum* von 1501 im Druck eine *Apologia et defensio* der Poesie (und der Oratorie) folgt, so ist dort sehr deutlich, daß Vorbehalte gegen die ›heidnische‹ Poesie bestehen, moralische und nicht nur solche gegen das ›Überflüssige‹. Auch in den *Facetiae* rechnet Bebel mit den eingefleischten »contemptoribus poetices« ab,[128] sie sind keine bloße Randerscheinung. In Reuchlins *Sergius* (1496) erscheint einer von ihnen als besonders brutaler, ungehobelter Geselle; mit ihm wird entsprechend handgreiflich abgerechnet.

Erst wenn man den Aspekt eines ›Kulturkampfs‹ in nuce berücksichtigt, den dieser Streitpunkt jedenfalls für die Humanisten besitzt, wird auch die Einläßlichkeit, die Engagiertheit verständlich, mit der in der *Comoedia* eine regelrechte Verteidigungsstrategie aufgebaut ist. Sie beginnt bereits im Prolog mit der Verwahrung gegen moralisch bedenkliche Erwartungen an den *poeta* und wird gleich aufgenommen im Eingangsdialog, dort, wo Vigilantius berichtet, er habe einen Lehrer, »qui dissuadet nobis poetas« (S. 22). Sie wird dann kontinuierlich weitergeführt im Zusammenhang der Propaganda für *eloquentia*, findet schließlich einen neuen ›Gegner‹ in Lentulus, der das Wort »poeta« ostentativ verächtlich benutzt (S. 54). Gegen Lentulus setzt dann, im 4. Akt, der Höfling zu seiner großen *defensio* an, auf die in der Schlußrede (5. Akt) der ›Dichter‹ seine triumphale *laus poetices* gründet. Weder die Einwände noch die Lobsprüche sind im einzelnen neu oder originell.[129] Der Vorwurf des Scheinhaften, ja der ›Lüge‹, spätestens seit Platon immer wieder erhoben, wird mit einer ganzen Ästhetik des ›Schmückens‹ beantwortet, die der ›Dichter‹ weit ausholend vorträgt (Ende des 4. Akts). Dem

128 Ausg. Bebermeyer, S. 17 f. (dort hebt Bebel vor allem auf die »ignorantia« der Verächter ab).

129 Zu den Einzelheiten vgl. jeweils den Kommentar (mit Zitatnachweisen).

Vorwurf der »lascivia« jedoch, des – besonders erotisch, sexuell – Anstößigen begegnet der Höfling mit dem durchschlagenden Argument der Bibeltexte (4. Akt). Auch dort werde in vielen Büchern Schlimmes dargestellt, das dürfe man dann ebensowenig lesen. Und zu allem kommt immer wieder das *argumentum auctoritatis* oder auch *traditionis* hinzu: Augustin, Hieronymus, Basilius und andere Kirchenväter hätten ja auch keine Einwände gehabt, oder sie hätten gar zur Dichterlektüre geraten. Und die gesamte Unterrichtspraxis der Antike spreche für eine frühzeitige Beschäftigung mit der Poesie. Ja, die Dichter seien sogar, sagt der *poeta* (S. 58), ›die herausragenden Verkünder der Tugenden‹ von Homer an.

Das alles wird sehr gemeinplatzhaft vorgetragen, sehr pauschal, sehr verkündend – und verteidigend. Ein interessantes Sonderproblem bieten die *elegiographi*, die Vertreter der römischen Liebeselegie (Catull, Tibull, Properz, Ovid vor allem). Bereits der Prolog, in elegischen Distichen, zielt mit den Stichworten »illecebras Veneris«, »castra Priapi«, »munera Bacchi« und den anderen (S. 14) deutlich auf diesen Bereich (außerdem wohl auf einzelne Tragödien, Satiren und ähnliches). Für den *poeta* Bebel, der schon in Krakau eben jenen Bacchus und andere Lustspender besungen hat, stellt sich hier eine heikle Frage. Mit Recht weist er entsprechende Vorerwartungen zurück, sie werden durch die *Comoedia* nicht eingelöst. Aber gehören nun die *elegiographi* zum richtigen Studium der Poesie oder nicht? In der Schrift *Qui auctores legendi sint* heißt es eindeutig zu Ovid, Tibull, Properz, Catull: »illos ab adolescentium lectione amovendos censeo«.[130] Hier nähert er sich deutlich einer restriktiven, ›konservativeren‹ Position, wie sie namentlich Wimpheling in seiner *Adolescentia* (1500)[131] vertreten hat.

130 *Qui auctores legendi sint* (Anm. 116) fol. B iiij^{v}.
131 Jakob Wimphelings *Adolescentia*, unter Mitarbeit von Franz Josef Worstbrock, eingel., komment. und hrsg. von Otto Herding, München 1965 (dort S. 71 ff. ein aufschlußreicher Vergleich Bebels mit Wimpheling).

Und in der *Comoedia* selbst nimmt der ›Dichter‹ die Elegiker als einzige (S. 60) von der generellen These aus, die Dichter seien die Verkünder der *virtutes*. Die solchermaßen vollzogene Ausklammerung der ›schwarzen Schafe‹ scheint seltsam, wenn nicht gar künstlich oder unaufrichtig angesichts der Fülle des Biotischen, auch sexuell Direkten, das er selbst in den *Facetiae* und vor allem im *Triumphus Veneris* ausbreitet. In der *Comoedia*, vor dem Universitätspublikum, mit der Würde des *poeta* auftretend, zeigt er sich vorsichtig, ja ängstlich. Hier paßt er sich an, um des lieben – auch nur relativen – Tübinger Friedens willen.

Je klarer er die moralischen Qualitäten des Poesiestudiums herauskehrt, desto überzeugender ist in der *Comoedia* das Gewicht, das er der Lehrerpersönlichkeit beimißt. Es ist ein Leitmotiv des Stücks, in der antiken Erziehungstradition wohlverankert (vor allem das Beispiel des Sokrates und seiner Schüler wird angeführt) und zugleich deutlich als ›moderner‹ Zug gedacht. Nicht die ›Methode‹ ist entscheidend, nicht die Lehrbücher, sondern der erfahrene, moralisch vorbildliche Lehrer. Ein solcher hat dem Vigilantius bisher gefehlt, wie der Gelehrte rasch feststellt. Die Suche nach einem geeigneten Lehrer ist das *movens* des ganzen Einleitungsteils der *Comoedia*. In der *Oratio de utilitate latinitatis* stellt Bebel programmatisch eine Rangordnung dessen auf, was vonnöten ist, um *eloquens* und *eruditus* zu werden: »bonus [...] praeceptor, lectio optimorum auctorum et crebra demum exercitatio atque usus loquendi«.[132]

Das Unwissen, die Unwissenheit der Lehrer ist es – so fährt Bebel in der *Oratio* fort –, was uns in Deutschland hindert, zur wahren *eloquentia* emporzusteigen. Und mit der These von der ›Zurückgebliebenheit‹ der Deutschen hinter ihrem Erbe und ihren *virtutes* knüpft er an ein Zentralthema der Rede vor König Maximilian an. In der *Comoedia* ist der nationale Akzent auffallend schwach. Zwar wettert Bebel

132 *Oratio Henrici Bebelii* (Anm. 119) fol. D iiij^r.

am Schluß der Widmungsvorrede recht kräftig gegen die unfähigen ›einheimischen Schulmeister‹. Aber als nationale Aufgabe wird der Programmpunkt im Stück kaum weitergeführt, allenfalls jammert der Gelehrte im 1. Akt über das ›arme, verkommene Deutschland‹ (S. 20), das sogar noch dem schlechten Einfluß des Franzosen Alexander (de Villa Dei) folgt.

Dann versickert allmählich dieses Motiv. Und in der Schlußrede des ›Dichters‹ sind die Stichworte *lingua*, *natio*, *patria* so eigentümlich von den Stichworten *philosophi* und *universitas* eingeschlossen, daß viel eher die Gemeinschaft der um die *studia humanitatis* Bemühten in den Blick tritt als die nationale Zukunft.[133] Bebels eigenes Interesse in der Funktion des *poeta*, so wie er mit seiner Schlußrede vor das universitäre Publikum tritt, hat sich in der Anlage des Stücks unverkennbar durchgesetzt.

Am Anfang steht der Bauernsohn Vigilantius mit seiner ihm zugehörigen ländlichen Umwelt, deren Entferntheit von den *studia* und von der *vita academica* fast überdeutlich demonstriert wird: durch die lange ›Kette‹ des Ratgebens und Weiterreichens. Diese Welt ist zwar durch materielle *simplicitas* und harte körperliche Arbeit gebunden. Aber ein ›Aufstieg‹ zur besseren *condicio* ist möglich: der Sohn ist lernbegierig, die Eltern und Verwandten sind opferbereit. Und selbst der dörfliche Repräsentant des Klerus – an dem Bebel sonst mehrfach, namentlich in den *Facetiae*, scharfe Kritik übt – ist bereits ungewöhnlich ›modern‹, aufgeschlossen, den *humaniora* zugetan (wohl in ähnlich positiver Gegenbildfunktion wie der Bischof Assverus in Wimphelings *Stylpho*).

›Student aufs Land‹, wie eine Aktion der Bildungswerbung in den sechziger Jahren unseres Jahrhunderts hieß, Weckung von Bildungsreserven gerade im bäuerlichen Bereich – die

133 Bebel spielt in dieser Schlußpartie deutlich sowohl mit Begriffen und Vorstellungen, die dem Selbstverständnis der Universitätskorporation entsprechen, als auch mit solchen der ideellen *res publica litteraria*.

Vorsatzblatt der Ausgabe Braunschweig 1509

Tendenz ist derjenigen Bebels durchaus vergleichbar. Er selbst aber steht am Schluß als leibhaftiges Exempel für die realistische Möglichkeit eines solchen Aufstiegs vor den Zuschauern, ein *Iustingensis* wie der anwesende Kanzler Vergenhans selbst, der Bruder des Widmungsadressaten.

IX

Dem Stück, das so unverkennbar aus einer bestimmten bildungsgeschichtlichen Situation heraus und für ein bestimmtes, Tübinger Universitätspublikum verfaßt wurde, sollte in den beiden Jahrzehnten nach seiner ›Uraufführung‹ eine ungeahnte Resonanz vergönnt sein. Während Wimphelings *Stylpho* (1480) erst 1494 und dann noch einmal 1495 gedruckt wurde, Kerckmeisters *Codrus* überhaupt nur ein einziges Mal (1485) erschien, erlebte die *Comoedia* nicht weniger als fünf Drucke. Den Druckorten nach zu schließen, reichte das Interesse bis in den norddeutschen und niederländischen Raum hinein.
Wie bei den meisten Bebelschen Schriften, auch etwa den *Facetiae*, ist die Erstausgabe (Druck A) Bestandteil eines Sammelbandes: eröffnet durch das Renommierwerk *Oratio ad regem Maximilianum de laudibus atque amplitudine Germaniae*, angereichert durch teils politisch-zeitgeschichtliche, teils bildungsprogrammatische Gedichte und Reden, darunter die schon erwähnte Autochthonie-Schrift *(Germani sunt indigenae)* und die beiden wichtigen Abhandlungen *Opusculum qui autores legendi sint* und *Oratio de utilitate linguae latinae*. Der Funktionszusammenhang ist offenkundig. Thomas Anshelm in Pforzheim brachte den Band 1504 heraus, der Drucker, der später seinen Sitz nach Tübingen verlegte und hier seine Tätigkeit 1511 mit Bebels *Commentaria epistolarum conficiendarum* eröffnete.[134] Der

134 Er hatte die *Commentaria* (Erstausg. Straßburg: Grüninger 1503) bereits seit etwa 1507 mehrfach in Pforzheim gedruckt, s. *Index Aureliensis*,

Sammelband ist heute noch in europäischen Bibliotheken ungewöhnlich weit verbreitet, von London bis Budapest, von Paris bis Gotha, von Basel bis Wien.[135] Er hat Bebels ›humanistische‹ Vielseitigkeit, in Gedicht, Rede und Abhandlung und nicht zuletzt in der beliebter werdenden Gattung der dialogischen *comoedia*, offenbar zum erstenmal auch über den südwestdeutschen Bereich hinaus bekannt gemacht.

Im niederländischen Zwolle (dessen Gymnasium Vigilantius in der 1. Szene der *Comoedia* neben Ulm, Zwickau und Deventer namentlich erwähnt!) erschien wenige Jahre später bereits, um 1506, bei Peter Os van Breda der zweite Druck (Textzeuge B).[136] Als »poeta laureatus elegantissimus« wird Bebel auf dem Titelblatt vorgestellt, und den Sammelband eröffnet der *Dialogus de optimo studio scholasticorum*; die *Oratio de utilitate linguae latinae* schließt sich unmittelbar an. Es liegt nahe, in den moralisch-lebenspraktischen Tendenzen der *Devotio moderna*, die in Deventer und Zwolle bedeutende Zentren besaß, eine Brücke des Interesses an Bebel und insbesondere an seiner *Comoedia* zu vermuten.[137] Offenbar hat Bebel nach 1507 eine Reise ins niederrheinisch-niederländische Gebiet unternommen (war eigener Angabe zufolge jedenfalls in Aachen),[138] und es ist möglich, daß er

Prima pars A/10 (1966) S. 401 ff. Zu Anshelm vgl. im übrigen Widmann (Anm. 86) S. 19 ff.

135 So das Ergebnis einer ausgedehnten eigenen Umfrage; vgl. auch *Index Aureliensis*, Prima pars A/10 (1966) S. 400, Nr. 115.309. In den USA besitzt den Band jetzt beispielsweise auch die University of Michigan General Library (Ann Arbor).

136 Der in der Stadtbibliothek Köln – Signatur: AD[s] 36 – vorhandene Druck (ein Exemplar der Landesbibliothek Darmstadt ist laut dortiger Auskunft nicht mehr vorhanden) wird im *Index Aureliensis*, Prima pars A/10 (1966) S. 400, Nr. 115.312 mit »Zwolle, ca. 1506?« verzeichnet (im *Deutschen Gesamtkatalog*, Bd. 14 [1939] Sp. 159, Nr. 14.2222 mit »Münster um 1510«). Vgl. auch: S. 73 f., Zum Text.

137 Zur Bedeutung der Devotio moderna für die frühe Tübinger Universität siehe Oberman, *Werden und Wertung der Reformation* (Anm. 44) S. 56 ff.

138 Zu schließen aus *Facetiae* III,41 (Ausg. Bebermeyer, S. 121). Die näheren Umstände sind nicht bekannt.

dort Kontakte mit ›Gleichgesinnten‹ angeknüpft hat. Vielleicht gar geht der zweite Druck auf solche Kontakte zurück.[139]
Bebel ist, als »elegantissimus«, zum Vorbild ›musischer‹ Bestrebungen und zum Vorkämpfer gegen ›barbarische‹ Schulen überhaupt geworden, und zwar jetzt auch weit außerhalb seiner engeren Heimat. Ein Vierzeiler »in laudem auctoris«, dem Druck vorangestellt, verkündet es unmißverständlich:

»Quisquis amas Musas studium doctamque Minervam
Mox fugias vulgus barbaricasque scholas
Bebelii discas praecepta et culta magistri
Per quae rite tibi consuluisse puto.«[140]

Hier wie in einem anschließenden Zweizeiler »ad studiosos scholasticos« ist die wörtliche Anspielung auf Widmungsvorrede und Prolog-Epigramm der *Comoedia* (bzw. des *Dialogus*) evident:

»Si quis nosse cupit studium quod debeat esse
Praeceptor qualis perlegat istud opus.«[141]

Der sich anschließende Titelkupfer: eine weibliche Gestalt mit Heiligenschein, in der linken Hand einen großen Palmzweig haltend und in der rechten ein aufgeschlagenes Buch (Abb. S. 159), deutet wohl auf religiösen Kontext. Auf die *Comoedia* bezogen, mit ihrem moralisch vorbildhaften Erziehungskonzept und ihrer Apotheose der Friedfertigkeit am Schluß, läßt sich die Einbeziehung in einen Unterricht der *Devotio moderna* sehr wohl denken. Daß die Reden *de utilitate linguae latinae* und *de optimo praeceptore eligendo*

139 Dies könnte dann für eine etwas spätere Datierung sprechen, doch bleibt die Frage offen.
140 Das Tetrastichon stammt von einem uns sonst nicht greifbaren Petrus Nehemeus aus Drolshagen (in Westfalen).
141 Selbstverständlich bezieht sich der Text auch auf die anderen Schriften des Sammelbandes, hier vor allem auf die Rede *De optimo praeceptore eligendo*.

1511 in 's Hertogenbosch noch einmal gesondert erschienen sind (bei Laurentius Haeyus),[142] sogar mit dem gleichen Distichon »ad studiosos scholasticos«, wie oben zitiert, zeugt vom weiterwährenden pädagogischen Interesse an Bebel.

In enger zeitlicher Nachbarschaft zu dem Druck von Zwolle und zugleich in sehr ähnlicher, wenn auch verknappender Zusammenstellung (*Dialogus de optimo studio scholasticorum*, *Oratio de utilitate linguae latinae*, dann gleich das *Epigramma de his qui impediunt studium nostrum*)[143] erschien ein weiterer Druck 1509 in Braunschweig bei Hans Dorn (Druck C). Er könnte aus Druck B abgeleitet sein. Nur auf den ersten Blick befremdlich ist der Gesamttitel des unter Bebels Namen veröffentlichten Bandes: *Latiū* [sic!] *Ideoma*. Hier scheint das *Latinum idioma* des Laurentius Corvinus Pate gestanden zu haben, jenes Schülergespräch von Bebels eigenem Krakauer Lehrer, das um 1498/1500 zuerst erschien und bis 1523 über 25 Auflagen erlebte.[144] Bebels *Comoedia vel potius dialogus* ist hier, vom Buchtitel her, in jenen bildungs- und gattungsgeschichtlichen Zusammenhang gestellt, aus dem die neue halbdramatische Form genetisch herzuleiten ist. Verwendungszweck und humanistische Zielrichtung sind die gleichen. Das Bebelsche Stück ist, wie schon im Druck von Zwolle erkennbar, Schulbuch geworden. Und es hat sich als solches offenkundig – der Titel deutet darauf hin – von seinem Autor ›emanzipiert‹.

Erst mit dem Sammelband, der 1513 bei Schürer in Straßburg herauskam (Druck D), scheint sich auch der Text der *Comoedia* wieder im näheren Einflußbereich Bebels zu

142 *Index Aureliensis*, Prima pars A/10 (1966) S. 403, Nr. 115.332 (statt des richtigen »optimo« heißt es im Druck »optimis«).

143 *Index Aureliensis*, Prima pars A/10 (1966) S. 403, Nr. 115.319. Das einzige noch bekannte Exemplar befindet sich in der British Library in London, es wurde freundlicherweise verifiziert von Mr. D. L. Paisey (BL London). Signatur: C.33.b.46.

144 Bömer (Anm. 108) S. 61 ff. Detaillierte Titelaufnahme im *Gesamtkatalog der Wiegendrucke*, Bd. 8 (1938) Sp. 182.

Vorsatzblatt der Ausgabe Zwolle um 1506

befinden. Schürer hatte seit 1512 bereits mehrere seiner Werke, zum Teil neue, zum Teil neu zusammengestellte, herausgebracht: so 1512 die *Opuscula nova*, die vorher bei Grüninger in Straßburg erschienen waren (mit den wichtigen *Facetiae*, zuerst 1508), so 1513 die *Commentaria epistolarum conficiendarum* (zuerst 1503 bei Grüninger), jetzt mit dem ausdrücklichen Zusatz: »Haec omnia sunt novissime per auctorem recognita, emendata, et in multis locis, multisque verbis aucta, solique Schurerio commissa«.[145] Das könnte im Prinzip auch für den Sammelband des gleichen Jahres gelten, der mit dem *Opusculum de institutione puerorum* beginnt und im Mittelteil die *Comoedia vel potius dialogus de optimo studio scholasticorum* enthält (es schließt sich, nun schon fast ›traditionell‹, die *Oratio de utilitate eloquentiae* an).[146] Der Band erreichte in Europa ungefähr wieder die Verbreitung wie der Erstdruck von 1504 (im Anschluß an die Maximilian-Rede). Er findet sich heute noch in Cambridge wie in Wien, in Köln wie in Breslau.[147] Das Cambridger Exemplar,[148] das aus der Bibliothek des Schauspielers David Garrick stammt und mit einigen anderen lateinischen Stücken des 16. Jahrhunderts zusammengebunden ist,[149] enthält eine Reihe handschriftlicher Notizen, die eindeutig auf eine zumindest szenische Lesung der *Comoedia* hinweisen (Regieanmerkungen, verdeutlichende Texteinschübe usw.).[150] Hier ist also Bebels Stück in die sehr lebendige Pflege des lateinischen ›Dramas‹ im England des

145 Titelblatt der *Commentaria epistolarum conficiendarum*, Straßburg 1513.
146 Vgl. in den beiden vorausgehenden Drucken die *Oratio de utilitate linguae latinae*.
147 Vgl. Anm. 135. Hier: *Index Aureliensis*, Prima pars A/10 (1966) S. 405, Nr. 115.342.
148 Vgl. H. M. Adams, *Catalogue of books printed on the continent of Europe, 1501–1600 in Cambridge libraries*, Vol. 1, Cambridge 1967, B Nr. 424 (Cambridge University Library). Signatur: Sel. 5.106[9].
149 Freundliche Auskunft von Mr. D. J. McKitterick (Cambridge, CUL), der auch eine Kopie des Textes zur Verfügung stellte.
150 Näheres in einer geplanten separaten Studie.

16. Jahrhunderts hineingeraten[151] und hat sich dort länger gehalten als offenbar in seinem Ursprungsland selbst.
Daß der vorerst letzte Druck (E), zwischen etwa 1517 und 1520 bei Quentel in Köln,[152] erstmalig ein Einzeldruck ist, scheint bezeichnend. Der *Dialogus de optimo studio scholasticorum* – so der Titel – interessierte jetzt als Exempel einer nicht mehr ganz neuen, aber noch pädagogisch nutzbaren Gattung und wurde unabhängig von Bebels eigener ›Einbettung‹ (in die verschiedenen *orationes*, *carmina* und *opuscula*) mit anderen Texten des ›humanistischen Angebots‹ kombiniert. Die beiden Wolfenbütteler Exemplare des Drucks sind für den konkreten Verwendungszusammenhang aufschlußreich. Das eine[153] ist zusammengebunden mit dem *Latinum idioma* des Laurentius Corvinus (in der gleichen Linie wie der Braunschweiger Druck von 1509), mit den *Elegantiae maiores* und der *Rhetorica* Wimphelings, der Epistel *de honorandis parentibus* des Hieronymus und der Komödie *Poliscene* des Leonardo Aretino. Das andere[154] enthält im Anschluß an den Bebelschen *Dialogus* die *Fabulae* des Äsop, die *Pappa puerorum* des Johannes Murmellius, *De voluptate*

151 Frederick S. Boas, *University drama in the Tudor age*, Oxford 1914; G. C. Moore Smith, *College plays performed in the university of Cambridge*, Cambridge 1923. Vgl. auch Charles Harold Herford, *Studies in the literary relations of England and Germany in the sixteenth century*, Cambridge 1886 (dort S. 70 ff. unter ›Neo-Latin Drama‹ keine Bezugnahme auf die *Comoedia*, doch verzeichnet Herford Bebel-Einflüsse insbesondere im Bereich der Satire).

152 Der *Deutsche Gesamtkatalog*, Bd. 14 (1939), Sp. 161, Nr. 14.2244, datiert auf »Köln um 1520«, ebenso der *Index Aureliensis*, Prima pars A/10 (1966) S. 406, Nr. 115.353 (»Köln, ca. 1520«). Die Daten der zum Teil firmierten Drucke, mit denen der *Dialogus* in den beiden Wolfenbütteler Sammelbänden zusammengebunden ist (überwiegend zwischen 1510 und 1517), sprechen für ein etwas früheres Jahr, um 1517/18. Dies bestätigte, von den Druckersigneten her und auf der Basis einer detaillierten Kenntnis Quentels, Herr Ulrich Kopp von der Herzog August Bibliothek Wolfenbüttel.

153 Signatur: Li Sammelbd. 42 (aus der früheren Universitätsbibliothek Helmstedt).

154 Signatur: Qu N 254.2.

ac vero bono des Lorenzo Valla, ausgewählte Verse des Murmellius, Briefe Ciceros, Satiren des Persius, Texte von Hermann von dem Busche und schließlich Briefe des Francesco Filelfo.[155] Hier ist also nahezu das gesamte Spektrum der im humanistischen Unterricht verwendeten Textarten vorhanden, Antikes und ›Modernes‹, Poesie und Prosa, Traktate und Übungsmuster, Elementares und Anspruchsvolleres. Bebel vertritt, im Titel wiederum als »elegantissimus« etikettiert, sowohl das vorbildhafte klassische Latein als auch die gezielte Bildungswerbung in dialogisch eingängiger Form.

Bei den Druckorten der mit dem *Dialogus* zusammengebundenen Schriften dominiert zwar aus naheliegendem Grund Köln, doch sind daneben Deventer und Münster auffällig. Mit Deventer (das ja von Vigilantius ebenfalls zu Beginn der *Comoedia* genannt wird, neben Zwolle) schließt sich der Name Murmellius zusammen. Ein Münsteraner *presbyter* namens Antonius Tunnicius aber hat dem Bebelschen Stück ein Epigramm »ad scholasticum« vorangestellt, das auch das Titelblatt des Quentel-Drucks ziert:

»Ut probus et doctus fias, gravis esto magister
  Et prudens. Doctus barbarieque carens
Sis studio intentus, mores imitare probatos
  Doctori pare. Barbarus esse cave.
Sit studii ordo bonus scriptores volve latinos
  Perlege grammaticos, quos didicisse iuvet
Quod te Bebelius docet hic, Germania cuius
  Tota decus studium cantat et eloquium.«[156]

Hier hatte Bebel einen weiteren Verehrer gefunden, der die schon von Kerckmeister an der Münsterer Domschule

155 Aus Platzgründen können hier weder alle Texte im einzelnen aufgezählt noch erläutert werden.

156 Ähnlich wie bei Druck B (Zwolle) schließt sich noch ein Zweizeiler »Praecepta ad discipulum« an:
»In ludo tacitus studiose audito magistrum
  Scribito vel legito, mitis et esto bonus« (im Druck »bouns«).

geförderte humanistische Lehrrichtung[157] vertrat und vermutlich in der Komödie des Tübinger *poeta laureatus* ein Stück ähnlich ›lebendiger‹ *humanitas* erblickte wie im *Codrus*.

So weit auch der Ruhm des Bauernsohnes von der Schwäbischen Alb in *Germania* gedrungen sein mag – zumindest bis nach Köln und Münster – und so ehrenvoll seine Pionierrolle im Kampf gegen die *barbaries* eingeschätzt wurde: die engste Umwelt Bebels, in Tübingen selbst, darf nicht einfach als ›bekehrt‹ oder humanistisch ›reformiert‹ gelten. Noch acht Jahre nach seinem Amtsantritt als *poeta* und vier Jahre nach der Aufführung der *Comoedia* vor Studenten, Senat und Kanzler verfügten die Statuten (1505),[158] daß in beiden Bursen und im Pädagogium neben dem Donat das *Doctrinale puerorum* des Alexander de Villa Dei zugrunde zu legen sei – eben jenes Lehrbuch, das in der *Comoedia* als Inbegriff der Zurückgebliebenheit, des sinnlosen Unterrichtsleerlaufs, ja der Barbarei angeprangert wird (es wurde 1512 und 1514 auch in Tübingen selbst noch gedruckt).

Das neue Ideal der *latinitas*, der *elegantia*, der umfassenden *eloquentia* blieb in der Position des zu Verteidigenden, immer von neuem zu Begründenden. Und es blieb, als konsequent vertretenes Programm, Angelegenheit einzelner, die sich in freundschaftlicher Beziehung gegenseitig bestärkten, durch persönliche Förderung, durch Korrespondenz, durch Widmungen, durch Verteidigung nach außen hin gegen *vituperatores* und *aemuli*. Hier freilich gelang es Bebel in den Jahren seiner Tübinger Tätigkeit, sich einen ansehnlichen Schüler- und Freundeskreis zu schaffen, der auch andernorts von sich reden machte, an Universitäten, Stadtschulen oder in prominenten Verwaltungspositionen: Johannes Altensteig (der später einen ausführlichen

157 Hierzu wie auch zu den besonderen Verbindungen zwischen Münster und Köln siehe das Nachwort zu der *Codrus*-Ausgabe von Mundt (Anm. 36) S. 101 ff.

158 [Roth] (Anm. 44) S. 416.

Kommentar zum *Triumphus Veneris* verfaßte),[159] Johannes Alexander Brassicanus (Autor einer bereits erwähnten weitverbreiteten Grammatik und streitbarer Gegner des mächtigen Tübinger Theologen Lemp),[160] Michael Coccinius/Köchlin (später als Autor eines Werks über italienische Geschichte und als Diplomat bekannt geworden),[161] Jakob Henrichmann (dessen bis Melanchthon vielbenutzte lateinische Grammatik mit Bebels *Ars versificandi* zusammen gedruckt wurde),[162] Michael Hummelberger (der besonders als Gräzist hervorgetreten ist und dessen teilweise überlieferte Korrespondenz mit Bebel einen interessanten Einblick in dessen freundschaftlichen Umgang mit einem ›Schüler‹ gibt)[163].

Daß auch Philipp Melanchthon bei Bebel gehört hat, ist bezeugt und hat die vielen ›Würdiger‹ Bebels naturgemäß gereizt. Oft genügte bereits die Nennung des *praeceptor Germaniae* im Zusammenhang des ersten Tübinger *poeta*, um sogleich ein Glanzlicht auch auf den Älteren fallen zu lassen.[164] Ein ›Schüler‹ Bebels im engeren Sinn ist Melanchthon gewiß nicht geworden. Schon seine Fähigkeiten im Lateinischen waren, als er von Pforzheim und Heidelberg nach Tübingen kam, überragend. Und der Einfluß seines Onkels Reuchlin blieb in jenen Jahren so bestimmend, daß sich für den Vertreter der humanistischen Lektur wenig Einwirkungsmöglichkeit auf diesen Studenten ergab. Immerhin hat Melanchthon mehrfach mit Achtung von

159 Näheres bei Hess (Anm. 15) S. 309 ff. Literatur in der *Bibliographie zur Geschichte der Universität Tübingen* (Anm. 10) S. 299.

160 Jens (Anm. 43) S. 37 f.; *Bibliographie zur Geschichte der Universität Tübingen* (Anm. 10) S. 322.

161 Haller (Anm. 10) Bd. 1, S. 237 f.

162 Ebd. S. 236.

163 Abgedruckt bei Adalbert Horawitz, *Analecten zur Geschichte des Humanismus in Schwaben (1512–1518)*, Wien 1877, S. 217 ff., hier S. 224 ff.

164 Eine differenzierte Analyse und kluge Wertung gibt (zusammen mit den Quellen und der wichtigsten älteren Literatur) Wilhelm Maurer, *Der junge Melanchthon zwischen Humanismus und Reformation*, Bd. 1, Göttingen 1967, S. 29 ff., bes. S. 35 f.

Bebel gesprochen und, als der *poeta* 1518 starb, in einem griechischen Gedicht insbesondere Bebels ›musische‹ Verdienste um ›Deutschland‹ hervorgehoben.[165]
Die Perspektive auf *Germania*, auf Bebels Einsatz für *latinitas* und gegen *barbaries* ist überhaupt das Leitmotiv der nicht wenigen Zeugnisse, die sein Bild von außerhalb spiegeln. Gerne zitiert wird die einschlägige Partie aus Ulrich von Huttens Elegie *Ad poetas Germanos* (aus dem 2. Buch seiner *Querelae*):

»Barbariem contra pugnare Bebelius ore
non sine victuro nomine castra locat.«[166]

Noch zwei Jahrhunderte später, in einer 1721 erschienenen Schrift über die Entwicklung des Lateingebrauchs in Deutschland,[167] wird an Bebel als dem »tam praeclare merenti de universae Germaniae omnique posteritate viro« das ›Kämpferische‹ hervorgehoben, das ihm in jener Epoche notwendigerweise Feindschaft und Verteidigenmüssen eingetragen habe; mit Recht habe er sich als derjenige fühlen können, »qui primus editis scriptis barbariem ex Germania tentarit exterminare«.
Das mag allzusehr im heroisierenden Abstand und zugleich mit Adaptation von Bebels eigener Perspektive formuliert sein, doch fehlt es auch aus näherer Beobachtung seiner Tübinger Tätigkeit nicht an hoch anerkennenden Resümees. Brassicanus attestiert dem Lehrer und Freund die Pionierrolle – nicht nur an der württembergischen Landesuniversität – aus gemeinsamer Erfahrung der Vorurteile und Anfeindungen.[168] Coccinius (Köchlin) in seinem Brief *ad studio-*

165 Abgedruckt in: *Corpus Reformatorum* X, S. 479 (griechischer und lateinischer Text).
166 So bei Bebermeyer (Anm. 10) S. 14. Der vollständige Text bei Hutten, *Opera* (Ausg. Böcking) III, S. 64 ff.
167 Jacobus Burckhard, *De linguae latinae, quibus in Germania per XVII saecula amplius usa ea est fatis, novi commentarii*, Wolfenbüttel 1721, S. 354.
168 Vgl. Stahlecker (Anm. 124) S. 5 ff.

sam iuventutem Germanicam rechnet ihn von allen, die sich »pro re literaria et docendo et scribendo« gemüht haben, unter die Ersten, und speziell für die Tübinger Verhältnisse stellt er fest, daß die dortigen Studenten, »qui ante eius adventum rigidi prorsus erant et foetida barbarie squalidi, iam in latina lingua nitidi ac omni ex parte exculti appareant«.[169] Das ist angesichts der großen inneruniversitären Widerstände, mit denen Bebel immer wieder zu kämpfen hatte, nicht wenig. Vielleicht am stärksten ›kanonisierend‹ aber hat gewirkt, was in der Fortsetzung der berühmten ›Weltchronik‹ des Johannes Vergenhans der Hirsauer Frater Nicolaus Basellius schrieb (1516): »Henricus Bebelius, poeta laureatus Tubingae bonas literas multo tempore professus in censendis autoribus praecipua cura, barbariem germanicis scholis expulit, patriam Sueviam quasi Thesea fide laudibus avitis ingenii beneficio restituit. Sectatores grammaticos homines habet plurimos, quorum opera non nihil incrementi studiis germanicis accessit.«[170]

Hier schien nun die Kontinuität einer ehrwürdigen und folgenreichen Tradition beobachtet und beschrieben, an deren Spitze der *poeta* aus Justingen stand und in die sich seine Schüler und Freunde einreihten – wozu dann aus naheliegendem Grund bald auch der glanzvolle Name Melanchthons gezogen wurde. Die Vorstellungen von einer ›goldenen Kette‹ und von einem ›Tübinger Frühhumanismus‹ (in der Epoche des, auf Deutschland bezogen, ›Hochhumanismus‹)[171] verfestigten sich,[172] bis sie schließlich jüngst als

169 Abgedruckt (mit Datierung vom 27.5.1505) in Bebels *Commentaria epistolarum conficiendarum*, Straßburg 1513, fol. XXIII^v.

170 Johannes Nauclerus, *Memorabilium omnis aetatis et omnium gentium chronici commentarii* [...] *complevit opus F. Nicolaus Basellius Hirsaugiensis* [...], Tübingen 1516, S. 317^r.

171 Vgl. die nach ›Zwölfjahresphasen‹ gegliederte Darstellung des ›Hochhumanismus‹ bei Heinz Otto Burger, *Renaissance. Humanismus. Reformation. Deutsche Literatur im europäischen Kontext*, Bad Homburg v. d. H./Berlin/Zürich 1969, S. 221 ff. Zu Begriff und Reichweite von ›Frühhumanismus‹ auch Bernstein (Anm. 48).

172 So besonders bei Haller (Anm. 10) und denen, die von ihm abhängen.

»Mythos« des Tübinger Frühhumanismus, der auf den »schmalen Schultern des Heinrich Bebel« ruhe, kritisch zur Diskussion gestellt wurden.[173] Bebels Leistungen in Tübingen selbst, wie sie aus Anlaß der *Comoedia* erkennbar wurden, auch seine Resonanzen weit über den deutschsprachigen Südwesten hinaus sind so deutlich und profiliert, daß sie eines ›Mythos‹ gar nicht bedürfen, ja durch ihn eher verdeckt werden. Die Differenz etwa gegenüber den weitreichenden humanistischen Aktivitäten eines Conrad Celtis, auch gegenüber dessen dichterischem Œuvre, liegt auf der Hand. Ein Werk wie die *Amores* hat Bebel nicht geschrieben, und auf die Gründung immer neuer *sodalitates* war er nicht aus.

Dafür ist die Zentrierung auf das *studium Tubingense*, auf dessen allmähliche Gewinnung für *latinitas* und *litterae politiores* um so stärker – und die autobiographisch orientierte Bodenständigkeit des Bauernsohnes, wie sie gerade die *Comoedia* reizvoll demonstriert. Mit der Bindung an die württembergische Landesuniversität war freilich auch die geschichtliche Wirkungsmöglichkeit in den nachfolgenden Jahrzehnten spezifisch gebunden. Bebel selbst hatte zunächst noch vom Impetus des Anfangs profitiert, namentlich solange der Graf Eberhard und sein unentbehrlicher Berater und humanistischer Sachwalter Vergenhans lebten. Spätestens im zweiten Jahrzehnt des 16. Jahrhunderts, als der Reuchlin-Streit ausgefochten wurde, zeigte sich: »Der Schwung der Gründungsjahre der Universität war dahin, die große Koalition begann morsch zu werden.«[174] Zwar läßt sich in den *Epistulae obscurorum virorum* der Magister Schlauraff noch durch die ›Tübinger‹ in Rage bringen, von denen er natürlich an der Spitze Melanchthon, dann Bebel, Brassicanus und Vereander nennt.[175] Aber ein Zentrum, das sich etwa mit Erfurt vergleichen ließe, war Tübingen nicht

173 Oberman, *Werden und Wertung der Reformation* (Anm. 44) S. 17 ff.; vgl. auch ders., *Via moderna – Devotio moderna* (Anm. 44).

174 Jens (Anm. 43) S. 42.

175 Siehe Anm. 110.

geworden, Bebel selbst war vom Naturell her – die *Comoedia* ist hierfür beredtes Zeugnis – viel eher ein irenischer Geist, der sich in jene epochalen Händel im Vorfeld der Reformation nicht mehr hineinziehen ließ. Überdies plagten ihn in den letzten Jahren mehr und mehr Krankheiten, auch wesentliche neue Werke erschienen nicht mehr.

Als der *poeta laureatus* aus Justingen im Frühjahr oder Sommer 1518 gestorben und ehrenvoll beigesetzt worden war,[176] stand nach mehr als zwei Jahrzehnten die Universität erstmals wieder vor der Aufgabe, einen geeigneten *poeta* zu finden. Unmittelbarer Nachfolger wurde Marcus Scherer, ein kaum nennenswerter Vertreter der *humaniora* für gerade ein Jahr. Schon 1521 wurde die Stelle geteilt, die Inhaber wechselten jetzt häufig, unter ihnen kurze Zeit (1521/22) Johannes Alexander Brassicanus junior, immerhin auch einer der inzwischen zahlreichen *poetae laureati*. Die übrigen bleiben, an Bebel gemessen, bloße Namen.[177] Eine ›Tradition‹ bestand jetzt zunächst nur noch institutionell. Lange dauerte es, bis wieder eine profilierte Figur die *humaniora* in Tübingen vertrat.[178] Daß es Nicodemus Frischlin aus Erzingen bei Balingen – auch fast einem Sohn der Alb – trotz angestrengter Bemühung 1578 nicht gelang, die mittlerweile institutionalisierte humanistische Professur[179] zu erringen, ist der Tübinger akademischen Korporation immer wieder als Zeichen der Immobilität und der Vetterleswirtschaft angekreidet worden. Inzwischen war die Konkurrenz auch innerhalb der Tübinger Humanistenschar stark gewor-

176 Das genaue Datum des Todes ist ebensowenig überliefert wie das der Geburt, die aus verschiedenartigen Dokumenten (Briefen usw.) abgeleiteten Ansätze schwanken; s. Bebermeyer (Anm. 10) S. 46, und die übrigen in Anm. 10 genannten Überblicke. Spekulationen, daß Bebel in seinen letzten Jahren Syphilitiker gewesen sei, bei Binder (Anm. 10) S. 49.

177 Knappe Zusammenstellung bei Conrad (Anm. 50) S. 41. Näheres bei Haller (Anm. 10) Bd. 1, S. 307ff.

178 Vgl. Bebermeyer (Anm. 10) und den Überblick in Wilfried Barner, Einleitung zu Christoph Kaldenbach, *Auswahl aus dem Werk*, Tübingen 1977, S. XIff., hier: S. XXVIII ff.

179 Zur zwischenzeitlichen Entwicklung vgl. Barner (Anm. 53) S. 421 ff.

den, hier setzte sich Frischlins mächtiger Gegner Martin Crusius durch,[180] und ein reichlich Unbedeutender wurde berufen.

Die Linie zu Frischlin hin wirft zugleich Licht auf einen anderen Strang der Bebelschen Wirkungsgeschichte. Je weiter seine ›lateinische‹ Pioniertätigkeit, sein Kampf gegen die *barbaries* in den geschichtlichen Abstand rückte, desto klarer und kontinuierlicher behaupteten sich seine seit 1508 erschienenen *Facetiae*: als das Werk, das in eingängiger, lebendiger, witziger Form gerade nicht die bloße *latinitas*, sondern deren Synthese mit außergelehrter, ›volkstümlicher‹ Tradition, mit realistischer Alltagserfahrung demonstrierte. Zwar mögen die Bebelschen Versuche an die romanische Geschliffenheit des großen Vorbildes Poggio Bracciolini[181] nicht heranreichen. Für offensichtlich viele aber waren die bis 1590 immer wieder aufgelegten[182] drei *libri* unterhaltsam, genußreich, »iucundissimi«, wie es das Titelblatt vom Erstdruck 1508 an regelmäßig verkündete. Und sie erschienen als Tat der nationalen Aneignung durch einen anerkannten ›Humanisten‹, der die heimatliche Überlieferung und nicht zuletzt auch die muttersprachliche Redeweise einer anspruchsvollen Formung für würdig hielt. So war es nur konsequent, daß schließlich die *Facetiae* auch in deutscher Übersetzung erschienen, als *Geschwenck* (1558), und später noch (1568) mit dem bezeichnenderweise vorangestellten Hinweis auf Bebel als den »vom Keyser Maximiliano hochlöblicher gedechtnuß selbs gekrönten Poeten«.[183]

180 Zum »Kampf des Privatdozenten gegen den Großordinarius« vgl. Jens (Anm. 43) S. 136 f.

181 Einen Überblick im Rahmen der humanistischen Facetiendichtung gibt Erich Straßner, *Schwank*, Stuttgart ^{2}1978, S. 60 ff.

182 Überblicke bei Goedeke ^{2}I, S. 439 ff.; *Deutscher Gesamtkatalog*, Bd. 14 (1939) Sp. 161 f.; *Index Aureliensis*, Pars prima A/10 (1966) S. 401 ff. Nach den beiden Straßburger Drucken von 1508 (Grüninger) innerhalb der *Opuscula nova* erschienen noch acht in Tübingen (Morhart), außerdem mehrere in Antwerpen, Bern und Frankfurt a. M.

183 Nachweise im *Index Aureliensis*, Prima pars A/10 (1966) S. 408 f. Die

Die Verknüpfung des Dichterlorbeers von 1501 mit den späteren *Facetiae*, so sekundär sie sich ausnehmen mag, ist nicht ohne geschichtlichen Hintersinn. Es bedurfte erst der humanistischen Fundamentierung und Etablierung, bevor sich Bebel an das Werk wagen konnte, das dann seinen eigentlichen Nachruhm begründete. Die *vulgaris cantio* von 1502, als deutsch-lateinisches Diptychon, wie man sagen könnte, blieb ein hoch reizvolles, aber noch vereinzeltes Experiment.[184] Die Verssatire (oder das »satirische Epos«[185]) *Triumphus Veneris*, 1502 auf der heimatlichen Schwäbischen Alb begonnen, als die Pest in Tübingen wütete (gedruckt zuerst 1508), war bereits 1515 durch den Kommentar des Bebel-Schülers Johannes Altenstaig zur »Schullektüre« geworden.[186] Im Jahre 1690 erlebte das Werk noch eine späte Neuauflage.[187] Die *Proverbia Germanica* waren 1526 zuletzt erschienen, sogar bei einem Pariser Drucker,[188] doch eine bleibende Popularität haben sie nicht begründet; eher wurden sie nach und nach zur ›Quelle‹, vor allem dann für Sprichwortsammler, Sprachhistoriker und Volkskundler. Zusammen mit den *Facetiae* bildeten sie seit den Anfängen der germanistischen Forschung den Ausgangspunkt für das Klischee vom ›volksverbundenen‹ oder gar ›volkstümlichen‹ Bebel – wobei im einen Fall die Selbst-

Bezugnahme auf die Auszeichnung durch Maximilian (›Kaiser‹ statt ›König‹ begegnet auch sonst früh im Zusammenhang Bebels) steht auch auf dem Titel der lateinischen *Facetiae*-Ausgabe von 1561.

184 Ausführlich behandelt in seiner Symptomatik durch Günter Hess, »›Vulgaris cantio‹. Gattungsprobleme zwischen Volkssprache und Latinität um 1500«, in: *Werk–Typ–Situation*, Festschr. für Hugo Kuhn, Stuttgart 1969, S. 346 ff. Zu Bebels lateinischer Lyrik generell Georg Ellinger, *Geschichte der neulateinischen Literatur Deutschlands im 16. Jahrhundert*, Bd. 1, Berlin/Leipzig 1929, S. 436 ff. (mit z. T. fragwürdigen Kategorien der ›Herzens‹- und ›Erlebnis‹-Ästhetik).

185 So Hess (Anm. 15) S. 272.

186 Ebd. S. 279.

187 Nachweis im *Deutschen Gesamtkatalog*, Bd. 14 (1939) Sp. 164, Nr. 14.2272.

188 Übersicht in der Ausgabe der *Proverbia Germanica* von Suringar (Anm. 60) S. XII ff.

orientierung, im anderen die Resonanz im Vordergrund steht.[189]

Mit »Plaudite et valete!« schloß Bebel das dritte, im Jahre 1512 erschienene Buch seiner *Facetiae* ab,[190] damit an die Tradition der *palliata* anknüpfend. Es ist die gleiche Wendung, die auch am Ende der *Comoedia* des Jahres 1501 steht.[191] Die Anspielung ist Pointe und zugleich mehr. Sie ruft innerhalb des Bebelschen Lebenswerks und seiner einzelnen Schriften Gemeinsamkeiten der Tendenz und Querverstrebungen ins Gedächtnis, die bei der einseitigen Hervorhebung des ›volkstümlichen‹ Autors allzu leicht verdeckt worden sind. So wie die frühe *Comoedia* historisch angemessen nur als funktioneller Teil einer umfassenden humanistischen Bildungswerbung verstanden werden kann, die sich vielfältiger Gattungen und Gelegenheiten bedient, so auch die späteren *Facetiae*. In beiden Fällen gründen sich das *delectare* und das *docere* auf elegante Latinität, in beiden Fällen – wie auch beim *Triumphus Veneris* – führt die anspruchsvolle *elegantia* nicht in die formale Exklusivität, sondern besitzt feste Rückbindung an der eigenen sozialen, regionalen Kenntnis und Erfahrung.

In der autobiographisch ›verbürgten‹ Präsentation des Bauernsohnes Vigilantius mögen sich Stolz und Naivität mischen, sie bedeutete jedenfalls zugleich Begrenzung in der Wirkungsmöglichkeit der *Comoedia*. Das Lob der Poesie aber und die moralische Würde der humanistischen *eloquentia*, wie sie vor allem die beiden letzten Akte verkündeten, genügten bald nicht mehr, um die dramatisch-dialogische Form zu tragen. Mit seinem *Henno* hatte Reuchlin bereits eine kunstvollere Konzeption des Humanistendramas vor-

189 Die ›völkische‹ Färbung dieser Interpretation vertritt in erster Linie Bebermeyer (Anm. 10), die DDR-marxistische Joachim G. Boeckh [u. a.]: Geschichte der deutschen Literatur von 1480 bis 1600, Berlin [Ost] 1961 (Geschichte der deutschen Literatur von den Anfängen bis zur Gegenwart, Bd. 4), S. 162 ff.

190 Ausg. Bebermeyer, S. 174.

191 S. 70, in der Form »Valete et plaudite«.

gezeichnet. Vor allem aber Reformation und Gegenreformation gaben der Entwicklung des neulateinischen Dramas kräftige Impulse; hinter der konfessionellen Tendenz trat die humanistische Wertung mehr und mehr zurück, auch die ›dramatischen‹ Ansprüche wuchsen. Das zeigen Stücke wie *Acolastus* (1529) von Guilhelmus Gnaphaeus und *Pammachius* (1538) von Thomas Naogeorgus und die vordringende Bibeldramatik auf der einen Seite, der *Euripus* (1548) des Levin Brecht und dann das beginnende Jesuitendrama auf der anderen Seite – nicht zu vergessen die Konkurrenz des sich regenden muttersprachlichen protestantischen Schuldramas.

Aus dieser Sicht mußte Bebels *Comoedia* mehr und mehr in die Position einer noch vorreformatorischen ›Frühzeit‹ rükken. Bebel selbst hatte auf Vertreter der ersten Generation des schwäbischen Humanismus, wie etwa Niclas von Wyle, bereits mit Kritik ihrer sprachlichen Versuche und mit Relativierung ihrer Modernitätsemphase zurückgeblickt.[192] Jetzt war er selbst in den Schatten des noch Neueren, Entwickelteren und nicht zuletzt der Glaubenskämpfe geraten. Seine Lehrbücher des Briefschreibens und des Versemachens hielten sich wegen ihres elementaren Charakters und ihrer pädagogisch geschickten Anlage noch relativ am längsten unter den reinen Bildungsschriften. Daß die *Comoedia*, inzwischen zum schulischen Übungstext geworden, dabei mit herangezogen wurde, blieb wohl die Ausnahme, etwa im niederrheinisch-niederländischen Raum.

Vielleicht nicht von ungefähr ist die Anerkennung seines humanistischen Lebenswerks gerade außerhalb der von ihm immer wieder apostrophierten *Germania* besonders entschieden ausgefallen. Aus England ausgerechnet stammt das handschriftlich annotierte Zeugnis einer ›Aufführung‹ der

192 Vgl. Paul Joachimsohn, »Frühhumanismus in Schwaben«, in: *Württembergische Vierteljahrshefte für Landesgeschichte* N. F. 5 (1896) S. 63 ff., hier: S. 110 ff. (in gleicher Richtung übte Bebel Kritik auch an Aeneas Sylvius).

Comoedia.[193] In Cambridge und London liegen noch heute seltene Exemplare der frühen Drucke, darunter ein Unikat. In London erschien noch 1689 eine Schrift, in der dem Bebelschen Pionierwerk eine Anerkennung zuteil wird, die nachgerade auf die *Comoedia* gemünzt sein könnte: »Henricus Bebelius, natione Germanus, Iustingae in Suevia natus, infimae quidem sortis parentibus, honestis tamen, vir omni melioris literaturae genere apprime instructus; quique politioris doctrinae studium et Latinae linguae eloquentiam Germaniae inter primos intulit. Poeticen vero maxime excoluit, tam uberem carminis venam nactus, ut a Maximiliano Caesare laurea poetica donaretur.«[194]

193 S. 74.
194 Henricus Wharton, *Appendix ad historiam literariam CI. V. Gulielmi Cave*, London 1689, S. 177.

Nachwort

Die Literatur des Humanismus in Deutschland ist immer noch ein Feld für lohnende Entdeckungen. Vergleichsweise wenige Standard-Texte bestimmen das Bild. Nicht nur, daß die Barriere des Lateinischen wächst und zu wichtigen Werken Übersetzungen fehlen. Auch dem mit der Epoche näher Vertrauten ist trotz Reprints und einzelner Neueditionen Interessantes oft nur schwer zugänglich. Die Originalausgaben sind selten, ihr Druckbild erweist sich bisweilen als widerspenstig. Für eine Reihe von Titeln, die seit langem mit ein paar kahlen Angaben durch die Handbücher weitergereicht werden, ist Autopsie selten geworden.

Heinrich Bebels *Comoedia* über die beste Art des Studiums für junge Leute gehört hierzu. Neben den bereits neu herausgegebenen humanistischen Prosastücken wie Wimphelings *Stylpho* oder Kerckmeisters *Codrus* kann sie sich sehen lassen. Mit ihrer reizvollen Rückbindung an das ländlich-bäuerliche ›Bildungsreservoir‹ und mit ihrem auffälligen akademischen Pazifismus zeigt sie ein durchaus eigenes Gepräge. Sie bereichert unsere Vorstellung von den Anfängen des neuzeitlichen Dramas in Deutschland ebenso wie die von der Bildungsgeschichte des Hochhumanismus. Nicht zuletzt erscheint der vielgepriesene Meister der geschliffenen *Facetiae* von einer neuen Seite seines literarischen Talents.

Die vorliegende Ausgabe ist aus einem Seminar über Humanistendrama in Deutschland hervorgegangen. Das Stück, zunächst mit einiger Mühe dem Erstdruck von 1504 entlockt, fand so viel Anklang, daß eine Neuedition lohnend schien. Dem Herausgeber halfen dabei in vielfältiger Weise, insbesondere bei Kollationierung und Kommentierung: Martina Born, Mechtild Kanz-Uhrmeister, Helmuth Kiesel und Nina Peterek. Ihnen sei hier, auch für die Erfahrung einer spontanen Zusammenarbeit, herzlich gedankt.

Der Lesetext ist, wie bei den anderen Humanistendramen in

Reclams Universal-Bibliothek (Johannes Reuchlin, *Henno*, lat./dt., übers. und hrsg. von Harry C. Schnur, Stuttgart 1970, Nr. 7923; Jakob Wimpheling, *Stylpho*, lat./dt., übers. und hrsg. von Harry C. Schnur, Stuttgart 1971, Nr. 7952), der besseren Zugänglichkeit wegen nach heutigen Gepflogenheiten modernisiert. Der Apparat verzeichnet nur die wichtigsten Überlieferungsvarianten. Die Übersetzung erhebt keine literarischen Ansprüche; sie soll das Verständnis des lateinischen Textes erleichtern und für sich selbst zumindest einen ungefähren Eindruck von den Sprach- und Denkformen des Originals vermitteln. Der Kommentar ist etwas ausführlicher als üblich gehalten, um die ungewöhnlich zahlreichen Bezugnahmen auf Einzelheiten der Literaturgeschichte, der Bildungsgeschichte und der Institutionengeschichte nachvollziehbar zu machen. Die Einführung versucht darüber hinaus, nicht nur den Entstehungszusammenhang zu rekonstruieren und das Epochentypische des Stücks herauszuheben, sondern auch den von der Forschung arg vernachlässigten schwäbischen Humanisten Heinrich Bebel wieder als reizvolle historische Figur ins Bewußtsein zu bringen.

Die Vereinigung der Freunde der Universität Tübingen e. V. hat den Druck dieser ältesten Tübinger Humanistenkomödie dankenswerterweise durch einen Zuschuß unterstützt.

Inhalt